援助者を目指す人の
「社会福祉」

石垣儀郎［編著］

創成社

はじめに

私たちが暮らす日本の社会福祉制度は，年々変化をし続けています。最近では，子どもを含めた貧困や虐待，さらにはいじめ自殺が注目され「子ども家庭庁」が設立されました。

子どもにかかわる援助者に必要な社会資源についても，折々の状況に応じて制度や政策が展開されています。

本書の執筆者のすべてが，社会的養護とその実践にかかわったことのある実践者です。そして，現在でも現場での援助実践を行っています。これから援助者を目指す人が，支援に必要な内容を具体的に学べるよう事例も交えて解説しています。

本書は社会福祉のテキストですが，援助実践に役立つよう心理治療についても詳しく解説しています。そのため，学生から実践者まで，専門職のかかわり方を学ぶことができます。

コラムでは，現在現場で実践している専門職の見解が示されており，現状を詳しく知ることができます。また，最終章では，援助者がバーンアウトしないために「セルフマネジメント」について，誰にでもすぐにできる方法を解説しました。本書を通して，社会福祉を深く学んで頂きたいと願っています。

最後に，執筆者の諸先生には，それぞれの専門性や実践経験を活かしながら工夫してご執筆頂きました。また，出版社（株）創成社の中川史郎氏，西田徹氏には企画の段階から完成に至るまで大変なご尽力を賜りました。ここに厚くお礼と感謝の意を表したいと思います。

編　著　石垣儀郎

目　次

はじめに

第1章　社会福祉の変遷 ―― 1

1. 社会福祉の理念と概念 …… 2
2. 社会福祉の歩み・歴史的変遷 …… 6

第2章　子どもの福祉と生活 ―― 19

1. 子どもの施設と種類 …… 20
2. 専門職と相談援助機関 …… 29

第3章　社会福祉の現状と課題Ⅰ ―― 43

1. 貧困とは（貧困の救済） …… 44
2. 福祉にかかわる行政機関 …… 50
3. 子ども虐待 …… 55
4. ひとり親家庭への支援と生活課題 …… 60
5. ジェンダーの課題 …… 68
6. 発達障害 …… 73

コラム1：児童相談所福祉司の業務と実態　87

第4章　社会福祉の現状と課題Ⅱ（制度・法律） ―― 91

1. 社会福祉の制度と体制 …… 92

第5章　社会福祉の援助と方法 ―― 111

1. 実施機関と専門職 …… 112

コラム2：乳児院の生活と専門職のかかわり　116

第6章　社会福祉現場における治療 —— 119

1，心理的治療 …… 120
2，社会的治療 …… 129

第7章　社会福祉の動向と展望 —— 139

1. 相談援助 …… 140
2. 生活支援 …… 148

コラム3：福祉施設で働く児童指導員・保育士の業務と実態　159

第8章　トレーニング：事例検討 —— 163

第9章　セルフ・ストレスマネジメント
（ストレスで離職しないために） —— 179

1. ストレスマネジメントの目的 …… 180
2. 児童の問題行動と対人援助専門職のストレスとの関係 …… 181
3. 子どもに対応する対人援助専門職の実情 …… 182
4. ストレスの解消方法 …… 184
5. 相互行為のケア …… 190
6. まとめ …… 191

索　　引　195

第 1 章

社会福祉の変遷

1 社会福祉の理念と概念

このテキストを手にとっているみなさんは，社会福祉という言葉を聞いてどのようなことを思い浮かべるのでしょう。それは，人によって異なると思います。

乳児から高齢者，貧困や障害児者，そして人権擁護および，社会保障などの多くのことを考えたことと思います。私たちの身の回りにある福祉について，少し思い浮かべるだけでも多種多様で，生活のさまざまな側面にかかわっています。「Social Welfare：社会福祉」という言葉には，「幸せに暮らす」という意味があります。つまり，人々が幸せに暮らすために必要な制度・政策を活用し，実践を通して，主体的に生活できるよう Well-being（ウエルビーイング）の観点を重視するものと理解できます。

我が国の社会福祉の理念は，日本国憲法に規定されている「基本的人権の享有」「個人の尊重」「国民の平等性」「生存権の保障」に見ることができます。社会福祉は，日本国憲法および，福祉六法が基本となっています。社会保障制度は，年金保険や介護保険などの社会保険，そして生活保護などの公的扶助が「公の責任」において制度化されています。

したがって，社会福祉の概念は「目的概念」と「実態概念」に分けて考えられます。目的概念とは，社会福祉の理念や目標，価値観を指します。実態概念とは，社会福祉の制度・政策・実践などを指します。

社会福祉はわたしたちが社会生活をしていく中で生じた困難や問題を解消するために必要で，役立つ場合が多くあります。このテキストでは対人援助職を目指す人に向けて，社会福祉を解説していきます。社会福祉を解説する上で必要なことは次の４つです。

・社会福祉の対象
・問題解決のための制度（法律）や社会資源
・制度（法律）や社会資源を活用し，人とかかわる専門職あるいは専門的な取り組み
・人間観，専門職としての価値観

社会福祉について，関連する書籍を見ても，特に定まった捉え方がないのが実状です。したがって，みなさんの生活とのつながりを理解し，実感することは難しいかもしれません。そこで，本書では社会福祉とは「社会生活で困難を抱えている人を援助するしくみ」と，捉えることとします。

(1) 社会福祉の対象

社会福祉が対象とする領域は「障害児者福祉」「高齢者福祉」さらに具体的には「虐待」や「貧困」の問題があげられます。これらの領域の中で，困難を抱えている子どもから大人までの人々が社会福祉の対象となります。本書では，子どもを主な対象として解説していきます。

(2) 問題解決のための制度（法律）や社会資源

人が抱える困難が社会福祉にかかわる問題として認識されると，その問題をなんらかの手段・方法で解決，ないしは緩和をしなくてはなりません。そのためにはまず，個々の人々の生活を安定させることが必要です。そこで，社会的困難を抱える人の人権を尊重し，尊厳のある生活を実現させるために制度（法律）や社会資源の活用が必要となります。

制度（法律）の代表的なものが社会福祉法や児童福祉法そして，児童虐待防止法および，障害者虐待の防止，障害者の養護者に対する支援等に関する法律などです。しかし，問題が明らかとなり，活用可能な制度（法律）が整っていても解決できるわけではありません。そこで，専門的な知識や技能を持った支援者，専門職が必要となります。

これら支援者・専門職のことを，人的社会資源といいます。ここで取り上げる社会資源には大きく２つあります。一つは先に述べた人がかかわる「人的社会資源」そして，生活に必要な場所やものを活用する「物的社会資源」があります。

(3) 専門職と取り組み

専門職は，困難を抱える人々の問題と解決のための資源を結びつけて，効果的に取り組むことが求められます。また，個々の人権が尊重されて，尊厳のある生活を実現するためには専門職の知識と技術を活用することが大切です。

この活用の取り組みは広義での意味として，ソーシャルワークといえるでしょう。社会を専門職の視点で見てみると，問題に気がついている人，問題を抱えていても我慢をしている人そして，どのように対処すれば良いのか社会資源やサービスを知らない人，または解決するための資源が不足していたり，活用する資源がなかったりする人が存在していることに気づきます。ソーシャルワーカー（援助者）は，「ケースワークの原則」（第５章－2）を意識してクライエントの問題解決に取り組みます。

(4) 専門職としての価値観・人間観

専門職は支援を行う上で，援助を受ける人（クライエント）の思いをどのように受け止めるのか，援助者の価値観を押し付けないことはとても重要です。とくに，先入観などで物事を見たり捉えたりしてはいけません。専門職はどのような時にでも，先入観や自分の価値観を排除して見るように心がけます。

専門職としての倫理観で大切な原理の一つに「ノーマライゼイション」があります。ノーマライゼイションとは，障害のある人もない人も平等に地域社会で普通の生活ができるように社会環境の整備や実現を目指す理念のことです。障害のない人々には「あたりまえ」であることも，障害を有している人には実現困難なことがあります。

この理念は，1950年代に知的障害者施設で多くの人権侵害が行われていることに対してバンク・ミケルセン（Bank-Mikkelsen）が提唱し，ベンクト・ニイリエ（Bengt Nirje）が定義した理念です。ニイリエは「ノーマライゼイションの原理」として，その理念を8つの原則として定義し，国際的に広めました。1960年，ニイリエは「知的障害者は，ノーマルなリズムにしたがって生活し，ノーマルな成長段階を経て，一般の人々と同等のノーマルなライフサイクルを送る権利がある」とし，ノーマライゼイションを「8つの原理」に分けて示しました。

ノーマライゼイションの8つの原理は以下のとおりです。

①ノーマルな1日のリズム
②ノーマルな1週間のリズム
③ノーマルな1年間のリズム
④ノーマルなライフサイクル
⑤ノーマルな自己決定の原理
⑥生活している文化圏にふさわしいノーマルな性的生活パターン
⑦生活している国にふさわしいノーマルな経済的パターン
⑧生活している社会におけるノーマルな環境面での要求

ニイリエによるノーマライゼイションの原理の特徴は，「すべての（知的）障害児者は可能な限り一般社会でのノーマルなものと同様の生活パターンと生活条件を与えられるべきである」と提唱したことにあります。近年では社会福祉の共通理念となっています。

社会福祉を考えるうえで重要な理念には上記の他に「ソーシャルインクルージョン」の概念もあります。これは「社会的包摂」と訳され，「社会の中で暮らすすべての人々は，孤独や孤立，排除や摩擦から養護して健康で文化的な生活の実現につなげるよう，社会の構成員として支えあう」という考え方です。この概念の基は，障害者を障害のない者（健常者）の中に包み込み支える社会の実現を目指すものでした。現在では，障害者のみにとどまらず，貧困者や失業者，差別などで社会から孤立または，疎外されている人々を社会の中に包摂し，支援していくという概念としてその実現が目指されています。

社会で暮らす人々には，誰にでも人権があります。誰もが自分の意思を大切にして，生きる権利を持っています。したがって，自分以外の人々を受け入れ，自分とは異なった個々を受け入れ大切にし，共生していかなければなりません。

2 社会福祉の歩み・歴史的変遷

わたしたちは歴史を学び振り返ることによって，現代社会をより明確に理解することができます。福祉は，資本主義社会の形成と，その持続のために必要な制度として形成されてきました。それではここから，日本の社会福祉の歴史を見ていきます。

(1) 日本の社会福祉の歴史

1) 戦前の歩み

社会福祉という言葉が，我が国で一般的に使われるようになるのは第二次世界大戦以降のことです。それまでは，慈善事業という言葉が使われていました。この言葉には，貧困者の救済は国の責任で行われることではなく，恩恵によって与えられるものであるという意味があります。

公的扶助制度としては，718 年の奈良時代に「鰥寡孤独貧窮老疾（かんかこどくひんきゅうろうしつ)」が示されていました。これは，身寄りのない者を公的に救済することとしては意味あるものでしたが，基本的な考え方は近親者が救済を行うことが前提とされていました。貧困は社会の問題であるという考え方ではなく，個人の問題であるという考えが強くありました。

明治時代に入ると，1874 年に貧困対策として「恤救規則（じゅっきゅうきそく)」が制定されます。この制度の基本理念は，人々が互いの同情心をもって，誰の助けも期待できない困窮者のみを救済する，というものでした。さらに，この制度を利用して救済を受けるためには，さまざまな手続きが必要であるな

図表1－1　岡山孤児院 1906 年

出所：石井記念友愛社 HP より。

ど，救済を受けたい困窮者をさらに制限してしまうものでした。

このような公的制度のもとで生活困窮者はさらに増加して，その結果，公的扶助に頼らず民間で支援が受けられるようにと，慈善事業家が活躍するようになります。

1887 年に石井十次は，「岡山孤児院」を設立しました。石井は，無制限主義を掲げて，多い時には 1,200 人もの子どもを施設で保護していました。

1891 年には，石井亮一が「滝乃川学園」を設立しました。この施設は，日本における最初の知的障害児のためのものです。

また，1899 年には留岡幸助が「家庭学校」いわゆる児童自立支援施設を設立しました。これは，不良少年たちを対象とした施設で，少年たちには懲罰ではなく，感化教育によって成長させていくことを目的とした施設です。この感化教育とは，社会化教育ともいえるでしょう。

また，1899 年に野口幽香と森嶋峰によって「二葉幼稚園」が明治 33 年東京都四谷鮫河橋（現在の新宿区南元町）に設立されます。貧民街の子どもたちの保育所として救済を行いました。

図表１－２　滝乃川学園

出所：滝乃川学園 HP より。

図表１－３　北海道紋別郡上湧別村社名淵分校と農場

出所：東京家庭学校 HP より。

図表１－４　二葉幼稚園

出所：二葉保育園 HP より。

このように，民間の慈善事業家が中心となって進めてきた支援が次第に広がり，全国的な組織の設立が求められるようになっていきます。

そこで，1908 年に全国的な連絡組織として「中央事前協会」が設立されました。これは現在の「全国社会福祉協議会」の前身です。初代会長は，渋沢栄一がつとめました。

1920 年ころになると，これまでの慈善事業に代わって社会事業という言葉が使われるようになります。このころ，済世顧問制度や方面委員制度が登場します。これは今日の「民生委員制度」の前身で，地域社会に密着した委員が，貧困者の生活状況を詳しく知ることで，貧困者の生活を適切に救済することを目的としたものでした。1936 年，大阪府に始まったこの制度は「方面委員令」として全国に公布されました。

世界恐慌の影響で社会問題が多発する情勢から「恤救規則」に代わり，新たな公的救済制度の実現が求められるようになり，1929 年に「救護法」が制定され，1932 年に施行されました。この法律では，対象者の範囲や救済の種類が拡大されました。一方，扶養義務者がいる場合や労働能力もある者は対象から外されました。結果的には，貧困者の要望に合った法律にはなりませんでした。

2）戦後の歩み

戦後，混乱の中にあった時代の社会福祉制度は，貧困者や戦災孤児といった生活困窮者を対象として作られていました。

社会福祉サービスは，社会事業法，社会福祉六法を中心に行政主導の措置制度に基づいて行われてきました。今日では，ある特定の問題を抱えた対象者のみが社会福祉サービスを利用するのではなく，国民のだれもが利用して，自立した生活を目指すことができる新しい制度が必要となり制度化されてきました。

緊急対策として求められたのは，戦地からの引揚者や失業者などの生活困窮者に対する援護政策と，劣悪な衛生環境状態の改善と食料不足対策でした。そこで，1946 年に生活困窮者に対して最低生活の保障を行う「(旧) 生活保護法」が制定されました。後に公布された「日本国憲法」には，第 25 条において「生存権の保障」が明記されました。

この日本国憲法の理念に基づき，1947 年には戦争で養育者をなくした戦争孤児の救済に対応できるよう「児童福祉法」が制定されました。そして，1949 年には，戦争で負傷した傷痍軍人に対応すべく「身体障害者福祉法」が成立しました。翌年の 1950 年には，旧生活保護法が改定されて，新しく「生活保護法」が制定されました。これらの人々の救済にかかわる 3 つの法律は，福祉三法といわれます。1951 年には，戦後の新しい社会に向けた社会福祉の基盤を築くために「社会福祉事業法」(現：社会福祉法) が成立します。こうして制定された法律の特徴は，責任を国としたことにあります。つまり，これまで国の代わりに行われてきた慈善事業や社会事業を国の責任で行うことになったといえます。

1950 年代には人々の救済だけではなく，予防や健康の増進，老後の暮らしの充実など，社会生活を豊かにすることを目指した社会保障制度が確立していきます。代表的なものが 1958 年改正の「国民健康保険法」と 1959 年制定の「国民年金法」です。これらにより，日本国民は原則として，何らかの公的な医療保険制度および，年金制度に加入する国民皆保険・皆年金体制が整いました。

重要　**日本国憲法第25条**
〔生存権及び国民生活の社会的進歩向上に努める国の義務〕

すべて国民は，健康で文化的な最低限度の生活を営む権利を有する。
国は，すべての生活部面について，社会福祉，社会保障及び公衆衛生の向上及び増進に努めなければならない。

日本は「高度経済成長」に入り，1959年に国民皆年金・皆保険制度が確立したこともあって，戦後とは比べられないほど生活基盤が整っていきました。しかし，「核家族化」や「過疎問題」など新たな社会問題が出現し，福祉的な問題も多種にわたり，多様化した時代でもありました。そして，次第に福祉三法体制では十分に福祉ニーズを捉えられなくなっていきました。

福祉三法体制では，知的障害の人は18歳未満であれば，児童福祉法で対応していましたが，18歳以上の人への支援はなかったため1960年に精神薄弱者福祉法（現：知的障害者福祉法）が成立しました。また，福祉三法体制では，老人の方に対する支援を規定する制度はなく，経済的に困窮している場合であれば，生活保護法を使い支援していました。そこで，1963年に老人福祉法が制定されます。この法律が制定されたことで，生活保護法で規定されていた「養老施設」を切り離し，「養護老人ホーム」と名称を変えて，老人福祉法に組み込みました。そのほか「特別養護老人ホーム」や「軽費老人ホーム」もこの法律によって規定されます。

1964年には，母子福祉法（現：母子及び父子並びに寡婦福祉法）が制定されます。これは，定職を持たずに家庭で家事をしている人がパートナーとの死別や離別によって収入がなくなり，困窮する母子家庭を支援する目的で成立しました。

このように，福祉三法体制では「核家族化や地方過疎化による老人の孤立」などに対応できない問題が出現し，体制を強化するために「精神薄弱者福祉法」・「老人福祉法」・「母子福祉法」を三法に加えました。これら3つの新たな法律を加えた総称を「福祉六法」といいます（第4章で詳しく解説）。

3）現代，1990年代以降の歩み

1989年，当時の厚生省（現：厚生労働省）の合同企画分科会から「今後の社会福祉のありかたについて」という意見具申書が出されます。そこには今後の社会福祉のあり方について5つの見直し点が記載されています。

①社会福祉事業の範囲の見直し
②福祉サービス供給主体のあり方
③在宅福祉の充実と施設福祉との連携強化
④施設福祉の充実
⑤市町村の役割重視

上記5つの見直しは，社会福祉法の成立に至るまで，福祉計画の策定などに展開されていました。

高齢社会が社会問題化され，国は1989年「高齢者保健福祉推進10カ年計画」通称：ゴールドプランを作成します。1990年に福祉関連の制度を大幅に改定しました。それが「老人福祉法等の一部を改正する法律」通称：「福祉関係八法改正」です。

福祉関係八法は，次の通りです。

・児童福祉法
・身体障害者福祉法
・精神薄弱者福祉法
・老人福祉法　※改正の中心

・母子及び寡婦福祉法　※1981年に「母子福祉法」から改正されています
・社会福祉事業法（現：社会福祉法）
1951年に施行された法律です。社会福祉に関する共通基礎概念を定めています。
・老人保健法（現：高齢者の医療の確保に関する法律）
1982年に施行された法律です。1973年に「老人福祉法」改正によって老人医療費が無料となりました。しかし，第一次・第二次オイルショックを経て財政が悪化します。その影響を受けて，再度老人に自己負担を求めるために成立させた法律です。
・社会福祉・医療事業団法（現：廃案→独立行政法人福祉医療機構法が役割を担う）
1985年に施行された法律で，社会福祉施設運営においてのルールを定めています。

ただし，これらの改正では，「生活保護法」はなかったため「福祉関係八法」には含まれません。

「福祉三法」「福祉六法」と呼ばれる制度は，多様化する問題に対して「新法」として成立してきました。「福祉関係八法」は近代社会の問題に対応するために1990年に改正された，存在する福祉に関係する8つの法律を指しています。つまり「福祉関係八法」は改正に選ばれた8つの法律という意味です。

4）福祉関係八法改正の4つの目的

福祉関係八法の改正は次の4つの目的で行われました。

①在宅福祉サービスの積極的推進
②福祉サービスを住民に最も身近な市町村に一元化
③市町村および都道府県老人保健福祉計画の策定

④障害者関係施設の範囲拡大等

これらによって，1994年にはエンゼルプランの策定，ゴールドプランの見直し，そして1995年には介護保険法が成立しました。

5）社会福祉法の成立

日本の社会福祉の基盤を支えてきた社会福祉事業法が見直されて，2000年5月「社会福祉の増進のための社会福祉事業法等の一部を改正する等の法律」が国会で可決して，「社会福祉法」が成立しました。その他，「身体障害者福祉法」「知的障害者福祉法」「児童福祉法」「民生委員法」「社会福祉施設職員等退職手当共済法」「生活保護法」が一部改正されました。

障害者福祉サービスについて2000年の改正では，措置制度から利用者が主体的にサービスを選択して利用する制度に改められました。2005年に「障害者自立支援法」が制定され，2013年に「障害者総合支援法」と改定されて現在の利用者主体のサービス提供のしくみを構築しています。

(2) イギリスの社会福祉の歴史

1）国の動向

ここでは，福祉国家として日本に影響を与えてきたイギリスを取り上げて，その歩みを見ていきます。

イギリスは，1601年にエリザベス救貧法（通称，救貧法）が成立し，貧困者の救済を行いました。その内容は，教区と呼ばれる地域を単位とした救貧税を財源として治安判事が責任者となって，貧民監督官と教区委員が実際の救済活動を行いました。

貧困者は「有能貧民」「無能貧民」「児童」に区分して「無能貧民」は親族の扶養を条件として救済が行われましたが「有能貧民」には，強制労働が課せられ「児童」は徒弟奉公に出されていました。この徒弟奉公は当時，男子は24歳・女子は21歳まで，もしくは結婚するまで強制しました。ここでいう「有能・無能」とは，労働力の有無，すなわち働く能力の有無という意味を表しています。

18世紀後半に産業革命が起こり，労働者は農村から都市へと移動して工業化が進みました。このことによって，第一次産業である農業に代わって第二次産業である工業が盛んになると，労働者と雇用者の関係が顕著となり，資本家が誕生します。社会も資本主義へと変容し，働いて賃金を得るという「労働」を中心とした社会となります。

こうした社会は，生活状況が悪化する人々を増加させました。労働できない人々は，1782年のギルバート法や1795年に制定されたスピーナムランド制度によって，在宅での救済が認められましたが，救済費が増大し新たな法制度が必要となりました。そこで，1834年に救貧法の抜本的な改革が求められ，新エリザベス救貧法（通称，新救貧法）が制定されました。

新救貧法は①救済水準を全国的に統一する「均一処遇の原則」②在宅救済を廃止して，ワークハウス（労働場）収容に限定する「院内救済の原則」③すべての救済を最下層の自立労働者の生活水準や労働条件に抑える「劣等処遇の原則」に基づいて行われました。

2）民間の動向

1869年に慈善組織協会（COS：Charity Organization Society）が創設されます。COSは，複数の慈善事業団体が組織化されたものでした。地域の貧困世帯などを個別に訪問する「友愛訪問」を行い，ケースワークやコミュニティーオーガニゼイションの先駆けとして，現在でも評価されています。一方，貧困者は生活態度を理由に，救済に値する人としない人に分類して，値する人のみを救済の対象としました。値しないと判断された貧困者は，新救貧法にゆだねました。

救貧法の根幹には，貧困は個人の道徳的な問題や努力の欠如に由来するものである，という考え方があり，国が社会的対策を積極的に行わなければならない，という発想はありませんでした。この考え方は根強く社会を形成する人々にあったといえるでしょう。

この考えに異を唱え，貧困は個人の問題ではないため，単なる施しによって救済することはできないと考えたデニソン（Denison）は，支援者が貧困者の生活する地域に住み込んで生活を共にし，支援や指導を行うことを通して問題解決を図るセツルメント運動を始めました。セツルメントとは，事業家や学生などが貧困地区に宿泊所や託児所または，授産所などの設備を設け，住民の生活向上のための手助けを行う社会事業のことです。1884年，オックスフォード大学等の学生有志がセツルメント協会の協力を得て，バーネット（Barnet）夫妻がセツルメント運動に力を注いだトインビー（Toynbee）の名前を取った，トインビーホールを活動の拠点としたことはよく知られています。バーネット夫妻は，貧困者に教育を提供し，社会調査によって貧困が個人的な問題でおこるのではなく，社会的な問題であることを提示しました。社会調査によって，社会的な問題の解決策を提示して，国の政策につなげていく社会改良の考え方を広めました。

3）社会調査による福祉国家への転換

貧困が個人的な問題から，社会的な問題であることを提起した社会調査は，チャールズ・ブース（Charles Booth）のロンドン調査やシーボーム・ラウントリィ（Seebohm Rowntree）のヨーク調査が代表的です。これらの貧困調査によって，貧困の原因が低賃金や不安定な労働条件にあることが明らかとなりました。その後，2つの世界大戦によって貧困者の救済が増加して，救貧法の全面的な見直しが求められるようになります。

1942年に，ベバリッジ（Beverige）を委員長としてまとめられたベバリッジ報告では，「貧困・疾病・無知（教育が受けられない）・不潔（不衛生，劣悪な生活環境）・怠惰（失業）」5つの解消が示されました。この報告書は「ゆりかごから墓場まで」といわれる法政策体系の基礎となりました。人々が安心して生活できる福祉国家の整備が進められるきっかけとなり，ナショナル・ミニマム（最低限度の生活水準）を国が補償していくこととなります。こうして，20世紀の半ばには，社会保障の各制度がつくられて福祉国家が成立することになるのです。

このように，イギリスにおける福祉の歴史を見ていくと，先に見た日本の福祉政策の歴史に大きな影響を与えたことが理解できます。

第2章

子どもの福祉と生活

1　子どもの施設と種類

この節のポイント！

児童福祉施設には，乳児院や児童養護施設のような子どもが生活をする入所施設があります。また，児童発達支援センターのような療育目的のための家庭から通う通所施設があります。ここでは，子どもの施設の目的と特徴を解説します。

（1）乳児院

・施設の目的

乳児院は児童福祉法第37条に次のように定められています。「乳児（保健上，安定した生活環境の確保その他の理由により特に必要がある場合には，幼児を含む）を入院させて，これを養育し，あわせて退院した者について相談その他の援助を行うことを目的とする施設」つまり，家庭において養育が困難となった乳幼児が入所します。乳児院は子どもにとって，家庭であり生活の場そのものです。したがって，健全な発育を促すことを保障することが目的となります。

・施設の利用者

新生児から，おおむね2歳までの乳幼児が入所利用しています。子どもは，必要に応じて就学まで入所していることが可能です。

子どもの入所理由は，さまざまです。近年多いのは，親の精神疾患や虐待によるものです。若年で未婚の母親または，働いてはいるものの，貧困のため育てられない，といった理由も見られます。

虐待により児童相談所で保護された乳幼児の入所も増えています。乳児の中には，親から受けたふさわしくない行為のため，すなわち虐待のために声を出して泣かない，いわゆるサイレントベイビーもいます。これは，声を出して泣くと，叩かれたり大きな声に驚いたりするために，自分を守る反応としてとる状態です。

入所理由はいずれも複雑な家庭問題を抱えており，乳児院利用後，児童養護施設に措置変更されることも少なくありません。

・施設の内容

乳児院という施設の特徴の一つは，通過施設であるといえます。厚生労働省によれば，乳幼児の入所期間は約５割が短期です。入所期間１か月未満が約３割，６か月未満を含めると約５割となっています。また，乳児院で生活する子どもの退所先は，家庭引き取りが６割，児童養護施設への措置変更が３割，そして，残りの１割が養子縁組を含む里親委託となっています（2022年現在）。

乳児院は，身体健全，精神発達，精神保健という３つの領域に対応する援助を行っています。乳児院は家庭や児童養護施設，および里親などに対して，子どもたちの養育を途切れることなくつないで連携していくことが大きな役割です。乳児院は，親の養育を受けることができない乳幼児を養育する施設です。したがって，乳幼児の基本的な養育援助に加えて，被虐待や障害そして，病気などに対応できる専門的な養育機能を持った施設といえます。

(2) 児童養護施設

・施設の目的

児童養護施設は，児童福祉法の第41条に規定されています。乳児を除いて保護者のない子ども，虐待を受けている子ども，その他環境上養護を必要とする子どもを入所させて，これを擁護し，あわせて退所した者に対する相談その他の自立のための援助を行うことを目的とした施設です。

家庭では十分に居場所がなかった子どもたちや，乳児院から措置されて，家庭を知らない子どもたちに，安心できる居場所を提供して社会に自立していけるように促していくことも目的とされています。

・施設の利用者

１歳～18歳未満までの子どもが，基本的にこの施設の利用対象となります。

しかし，特に必要がある場合には乳児も含む，とされています。また，年齢が18 歳に至ったのちも，児童相談所が必要と認めた場合には継続措置されて入所生活が認められます。児童養護施設から，大学などの学校に通う子どもも少なくありません。

児童養護施設は，子どもたちが集団で生活しています。近年では，一般家庭に近い人数で生活体験ができるよう，小規模施設が増えています。この形態を小規模グループケアといいます。

・施設の内容

児童養護施設は，大舎（数十人もの児童で集団生活している）の中にユニットを設けて小規模グループケアの形態をとるところがあります。生活する子どもの人数は 8 人前後です。また，10 人前後のグループが別々の建物で生活をする小舎制の施設もあります。さらに，最近ではグループホーム（地域小規模児童養護施設）という，6 人ほどの子どもが 2 ～ 3 人ほどの職員と地域で共に生活する施設も増えてきました。

これは，児童養護施設で生活をする子どもたちに，厚生労働省が児童養護施設運営指針に提示する「あたりまえの生活」を保障する具体的な取り組みです。

ここでいう「あたりまえの生活」とは，食事の心配がなく，ゆっくり休める場所があり，不安やつらいことがあれば話を聴いてもらえることなどを保障することをいいます。

児童養護施設に入所する子どもたちは，さまざまな事情によって親や家族と離れて生活しています。子どもたちの生活は，施設の中だけでは成り立ちません。児童養護施設で生活する子どもたちには，地域で暮らす人たちとの交流が大切です。

(3) 母子生活支援施設

・施設の目的

母子生活支援施設の目的は，児童福祉法第38条に規定されています。DV被害や借金の取り立てから逃れる目的で入所している場合が多いため，児童福祉法とは別に全国母子生活支援施設協議会も倫理綱領で基本理念と目的を示しています。その基本理念とは「母と子の権利と尊厳を擁護する」というものです。

・施設の利用者

この施設は，親子で入所する施設です。子どもの対象年齢は，0歳～18歳に達するまでです。母親は自立に向けて就労し，生活設計を立てていきます。子どもは，保育所や学校から帰宅後，児童指導員や保育士など施設職員の援助を受けて過ごします。

・施設の内容

母子生活支援施設で行われる援助（支援）は，次の通りです。①日常の生活支援，②就労支援，③子育て支援・育児相談，④DV被害からの回避・回復，⑤アフターケア。

近年，DV被害から逃避した母子世帯の入所が増えています。夫，父親の身体的，精神的暴力被害を受けて傷ついた母親や影響を受けた子どもも少なくありません。わが国では，DVの目撃は心理的虐待として位置づけられています。そうした母子を保護し，安心して安全な生活ができる場所を提供しながら社会生活に向けて，自立を支援していきます。子どもにとって安心して安全な生活ができる場所のことを「安全基地」といいます。この安全基地とは，人と場所（環境）２つのことを指していいます。被害を受けた親子にとって，母子生活支援施設は安全基地といえるでしょう。

(4) 児童自立支援施設

・施設の目的

児童自立支援施設は，児童福祉法第 44 条に目的が示されています。不良行為をしてしまった，またはするおそれのある子ども，家庭環境やその他，環境上の理由により生活指導を要する子どもを入所させ，または保護者のもとから通わせて，個々の子どもの状況に応じて必要な指導をし，その自立を支援します。あわせて，この施設を退所した人への相談その他の援助を行います。

・施設の利用者

児童相談所の措置によって決定した 18 歳未満の子どもが利用の対象となります。利用には大きく 3 つの形態があります。

①児童相談所が子どもの自立支援のために措置するもの
②家庭裁判所の審判に基づいて，児童相談所が措置するもの
③他の児童福祉施設で不適応を起こした子どもを児童相談所が措置変更するもの

となります。

・施設の内容

この施設では，将来子どもが自立した社会生活を営んでいくことができるよう指導を行います。指導内容は，規則正しい生活習慣を身に着ける生活指導，学力が低い子どもに学ぶ喜びや学習習慣を身に着ける，学習指導そして，就労意欲の向上と社会性・協働性などを養うことを目的とした，職業指導などです。

社会福祉領域において自立とは，他者にうまく助けを求められるようになること，も意味します。社会生活を送る上で，何もかも自分一人でできるようになることではありません。困ったときに他者に相談しながら，社会生活を営んでいくことが大切であるという考え方です。

（5）児童心理治療施設（旧：情緒障害児短期治療施設）

・施設の目的

児童心理治療施設の目的は児童福祉法第 43 条の 2 に示されています。家庭や学校など環境上の理由によって社会生活への適応参加が困難となった子どもを入所，または通所させて，心理治療や生活指導を行うことを目的とした施設です。

・施設の利用者

就学初期から，18 歳未満までの子どもの利用がほとんどです。とりわけ，心理治療が必要な子どもが対象です。実際には，不登校や引きこもり，被虐待や発達障害を抱える子どもの利用が増加しています。

・施設の内容

心理的問題を抱え，日常生活の多岐に渡り支障をきたしている子どもに，医療的な視点から心理治療を行い，生活を基盤とした援助を行います。

この施設は，日常生活そのものが治療であるという総合環境療法の立場をとっています。

医師や看護師などの医療従事者が，職員として在中しています。子どもが不調を示した時，速やかに医療的援助が行われることも特徴です。また，臨床心理士が心理療法などを用いて心理的治療を行います。そのほか，児童指導員や保育士による生活指導や学習指導も行われます。さらに，保護者に対しても，適切な養育が行えるよう家族指導を行い，可能な限り短期で家庭に戻していく施設です。

（6）障害児入所施設

・施設の目的

障害児入所施設は，児童福祉法第 42 条にその目的を示しています。「障害のある子どもを入所させて，保護，日常生活の指導，独立自活に必要な知識技能を身に着けることを目的とした施設」です。

障害の内容と専門医療提供の有無により，福祉型と医療型に分けられます。福祉型の障害児入所施設には，知的障害児施設，盲ろうあ児施設，自閉症児施設があります。そして，医療型の障害児入所施設には，肢体不自由児施設，重症心身障害児施設があります。

・施設の利用者

①福祉型

知的障害児施設は，おおむね3歳から18歳未満で，主に知的障害や発達障害を抱えている子どもが利用できます。しかし，この施設は厚生労働省の全国統計によって示されていますが，18歳以上の利用者が過半数を占めており，年齢超過の実態があります。

盲ろうあ児施設は，視覚や聴覚障害を持っており，日常生活の指導および自活に必要な知識や技術を習得することを必要とする子どもが利用できます。

②医療型

自閉症児入所施設は，自閉症スペクトラムを主な症状としている子どもが利用できます。

肢体不自由児施設は，主に肢体に不自由のある子どもが利用できます。肢体とは四肢上肢と下肢のこと，つまり両手両足のことです。

医療型の障害児入所施設は，医療法に基づく病院でもあるため，リハビリテーションや生活指導など多様な援助を受けられます。また，肢体不自由とともに，知的障害や自閉症スペクトラムなどの障害も併せ持っていることもあります。そのような場合，療育が終了した後に，他の施設を利用する子どももいます。

重症心身障害児施設は，重度の障害を有しており，独立自活が難しい子どものための施設です。

・施設の内容

これまで解説してきたように，障害児入所施設は専門医療提供の有無により，福祉型と医療型に分けられます。児童福祉施設である施設においては，入所による日常生活の指導，知識技能の習得援助が受けられます。

この施設は，子どもの障害特性に応じた専門的援助を受けることができます。他には，児童養護施設や児童心理治療施設においても，発達の遅れや障害の遅れがある子どもの入所が増えており，それらの施設でも専門的援助が受けられることも理解しておく必要があります。

(7) 児童発達支援センター

・施設の目的

障害のある子どもを保護者のもとから通わせて，日常生活における基本的動作の指導，独立自活に必要な知識技能の習得，集団生活適応のための訓練などを行う目的の施設です。

障害児入所施設と同じように，専門医療提供の有無により福祉型と医療型に分けられます。

・施設の利用者

①福祉型

福祉型児童発達支援センター（知的障害児通園施設）は，障害の診断がなされた後，おおむね３歳から就学前までの幼児が中心に利用します。

②医療型

医療型児童発達支援センター（肢体不自由児通園施設）は，身体が不自由で手足を思うように動かせない子どもが利用します。

・施設の内容

この施設の内容は，保護者のもとから通うことを除けば，障害児入所施設と同様です。

(8) 保育所・幼保連携型認定こども園

・施設の目的

①保育所

保育所は，児童福祉施設です。児童福祉法第39条1項に「保育を必要とする乳児・幼児を日々保護者の下から通わせて保育を行うことを目的とする」と示されています。また，利用定員が20人以上で「幼保連携型認定こども園を除くもの」とされています。

②幼保連携型認定こども園

この園は，児童福祉施設でもあるため，児童福祉法第39条2項に設置の目的が示されています。また，認定こども園法第2条7項によれば「義務教育およびその後の教育の基礎を培うものとしての満3歳以上の子どもに対する教育並びに保育を一体的に行い，これらの子どもの健やかな成長が図られるよう適当な環境を与えて，その心身の発達を助長するとともに，保護者に対する子育ての支援を行うこと」とされています。つまり，児童福祉施設である保育所と学校である幼稚園の機能と目的を併せ持った施設となります。

(9) その他の児童福祉施設

ここでは児童福祉法第44条2項に示されている，児童家庭支援センターについて解説します。この施設は，家庭などから地域の子どもの福祉に関するさまざまな相談に応じ必要な助言，指導を行います。あわせて，児童相談所，児童福祉施設などとの連携調整と援助を総合的に行います。

2 専門職と相談援助機関

この節のポイント！

第１節で解説したように，とりわけ子どもの福祉を支援する機関や施設には児童福祉施設や児童相談所のような相談援助機関などがあります。ここでは，相談援助機関とそれぞれの施設や機関で専門性を発揮して働く専門職について解説します。

専門職の種類だけではなく，それに伴う資格制度や連携・協働を求められる関連領域の専門性についても，併せて知っておくことが大切です。

(1) 相談援助機関

1）児童相談所（児童福祉法）

児童相談所は，児童福祉法第12条に基づいて各都道府県（指定都市を含む）に設置が義務付けられています。また，人口20万人以上の中核市にも設置することができます。各児童相談所の担当するケース数等を適正なものとするため，令和3年の改正令において管轄人口を概ね50万人以下とするよう規定の見直しがされました。

子ども家庭福祉の専門的な行政機関であり，その業務には①市町村の業務の実施に関し，市町村相互間の連絡調整・情報提供および，研修その他必要な援助を行う「市町村援助」，②児童および妊産婦の福祉に関し実情の把握に努め，児童に関する家庭その他からの相談のうち，専門的な知識および技術を必要とするものに応じ，必要な調査並びに医学的，心理学的，教育学的，社会学的および精神保健上の判定・指導を行う「相談」，③必要に応じて子どもを家庭から離して一時保護する「一時保護」，④子ども又はその保護者を児童福祉司や児童委員，児童家庭支援センター等に指導させ，又は子どもを児童福祉施設，指定医療機関に入所させ，又は里親に委託する「措置」が挙げられます。

里親に関する普及啓発，相談，情報提供，助言，研修その他の援助も行っています。

相談の種類としては，養護相談・保健相談・障害相談・非行相談・育成相談があります。

職員は，児童福祉司，児童心理司，医師，保健師，理学療法士等で構成されています。一時保護所には保育士および児童指導員が配置されています。

2）福祉事務所（社会福祉法）

福祉事務所は，社会福祉法第 14 条に基づく都道府県，および市（特別区を含む）に設置義務，町村では任意設置されている社会福祉行政を総合的に行う機関です。生活保護法，児童福祉法および母子および父子並びに寡婦福祉法に定める援護，育成又は更生の措置に関する事務を行っています。

市町村では，老人福祉，身体および知的障害福祉の分野での施設入所措置事務等も行っています。職員は，社会福祉主事，身体障害者福祉司，知的障害者福祉司等が配置されています。子ども家庭福祉分野の業務としては，多くの福祉事務所で児童家庭相談室が設置されており，養育相談や助産施設や母子生活支援施設への措置等を行っています。

3）保健所・市町村保健センター（地域保健法）

保健所は地域保健法第 5 条に基づいて，都道府県，指定都市，中核市，その他の政令で定められる市又は特別区に設置されている難病や精神保健に関する相談，結核・感染症対策，薬事・食品衛生・環境衛生に関する監視指導など専門性の高い業務を行う機関です。都道府県の保健所は，管内の市町村と協力して関係機関と調整を行い，関係を構築して，食品衛生や感染症等の広域的業務，医事・薬事衛生や精神・難病対策等の専門的な業務を行うとともに，大規模で広域的な感染症や食中毒の他，自然災害や原因不明の健康危機管理にとりくみ，地域全体の住民の健康のレベルアップを図っています。

政令市等の保健所は，都道府県の業務に加えて，乳幼児健診等の母子保健事業，特定健診・特定保健指導等の生活習慣病対策，さらに，がん対策等の住民に身近な直接的な事業を行い，より地域に密着して，地域全体の健康づくりを推進しています。

市町村保健センターは，地域保健法に基づいて多くの市町村に設置されています。健康相談，保健指導，健康診査など，地域保健に関する事業を地域住民に行っています。

母子保健分野では，母子健康手帳の交付をはじめ，妊婦相談，乳児家庭全戸訪問事業，乳幼児の発達支援および，乳幼児健康診査，療育相談そして，未熟児訪問相談等が行われています。

4）子育て世代包括支援センター
（母子保健法上の名称は，母子健康包括支援センター）

母子保健法第 22 条に基づいて，妊娠期から子育て期にわたる切れ目のない支援を行う機関であり，市町村は設置するように努めなければならないとされています。業務内容は①妊産婦および乳幼児等の実情を把握すること。②妊娠・出産・子育てに関する各種の相談に応じ，必要な情報提供・助言・保健指導を行うこと。③支援プランを策定すること。④保健医療又は福祉の関係機関との連絡調整を行っています。

職員配置は，保健師等を 1 名以上配置とされており，その他に精神保健福祉士・社会福祉士等，利用者支援専門員，地域子育て支援拠点事業所の専任職員といった福祉職，医師，歯科医師，臨床心理士，栄養士・管理栄養士，歯科衛生士，理学療法士などの専門職を配置・連携することが望ましいとされています。

5）発達障害者支援センター（発達障害者支援法）

発達障害者支援センターは，発達障害者支援法第 14 条に基づき，都道府県指定都市自ら又は，都道府県知事等が指定した社会福祉法人や特定非営利活動法人等が運営している発達障害児（者）への支援を総合的に行う機関です。①相談支援，②専門的支援（発達支援，就労支援），③普及啓発・研修，④関係機関および民間団体との連絡調整を行うこと等を業務としています。

6）専門職と資格

社会福祉領域における専門職の多くが免許や資格を有しています。資格には，「国家資格」「任用資格」「認定資格」等があります。

国家資格とは，一般に，国の法律に基づいて，各種分野における個人の能力，知識が判定され，特定の職業に従事すると証明されるものとされています。その種類は，「業務独占」「名称独占」「設置義務資格」に分類されます。

業務独占資格とは，有資格者以外がその業務に携わることを禁じている資格を指します。名称独占資格は，有資格者以外はその名称を用いて業務を行うことが認められていない資格を指します。設置義務資格は，特定の事業を行う際に法律で設置が義務付けられている資格です。業務を行うにあたって守るべきことや義務が定められています。各職能団体が構成されており，価値観や行動規範などが明文化された倫理綱領が定められています。

社会福祉分野において国家資格として法定化されている専門職は，社会福祉士，介護福祉士，精神保健福祉士，保育士の4つです。

任用資格とは，根拠法令等の規定を満たすことで資格として認められた上で，その職業に就いた場合に効力を発する資格です。

認定資格とは，学会や団体等が独自に資格制度を設けて，一定の能力や技術を認めた場合に発行される資格です。

7）国家資格の専門職

①保育士（児童福祉法）

保育士とは，児童福祉法第18条に「保育士の名称を用いて，専門的知識および技術をもって，児童の保育および児童の保護者に対する保育に関する指導を行うことを業とする者」と定義されています。資格を取得するには，指定保育士養成校を卒業するか都道府県知事が行う保育士試験に合格し，都道府県に保育士登録を行う必要があります。保育士は名称独占資格であり，保育所等においては設置義務があります。保育士は，「保育士の信用を傷つけるような行為をしてはならない」「正当な理由がなく，その業務に関して知り得た人の秘密を漏らしてはならない。また，保育士でなくなった後においても，同様とする。保育士でない者は，保育士又はこれに紛らわしい名称を使用してはならない」と，法律に定められています。

②社会福祉士（社会福祉士および介護福祉士法）

社会福祉士とは，社会福祉士および介護福祉士法第２条において「社会福祉士の名称を用いて，専門的知識および技術をもって，身体上若しくは精神上の障害があること又は環境上の理由により日常生活を営むのに支障がある者の福祉に関する相談に応じて助言，指導，福祉サービスを提供する者又は医師その他の保健医療サービスを提供する者その他の関係者との連絡および調整その他の援助を行うことを業とする者」と定義されています。

③介護福祉士（社会福祉士および介護福祉士法）

介護福祉士とは，社会福祉士および介護福祉士法第２条において「介護福祉士の名称を用いて，専門的知識および技術をもって，身体上又は精神上の障害があることにより日常生活を営むのに支障がある者につき心身の状況に応じた介護を行い，並びにその者およびその介護者に対して介護に関する指導を行うことを業とする者」と定義されています。

④精神保健福祉士（精神保健福祉士法）

精神保健福祉士とは，精神保健福祉士法第２条において「精神保健福祉士の名称を用いて，精神障害者の保健および福祉に関する専門的知識および技術をもって，精神科病院その他の医療施設において精神障害の医療を受け，又は精神障害者の社会復帰の促進を図ることを目的とする施設を利用している者の地域相談支援の利用に関する相談その他の社会復帰に関する相談に応じ，助言，指導，日常生活への適応のために必要な訓練その他の援助を行うことを業とする者」と定義されています。

保育士，社会福祉士，介護福祉士，精神保健福祉士に共通することとして，

「名称の使用制限」名称独占資格であること，業務を行うにあたって守るべき専門職としての義務として，「誠実，信用失墜行為の禁止」「秘密保持，関係機関との連携」「資質向上の責務」を定めています。具体的に解説すると，次のようにいえます。

誠実義務とは，担当する者が個人の尊厳を保持して，自立した日常生活を営むことができるよう常にその者の立場に立って，誠実にその業務を行わなければならない。信用失墜行為の禁止とは，専門職の信用を傷つけるような行為をしてはならない。秘密保持義務とは，正当な理由がなく，その業務に関して知り得た人の秘密を漏らしてはならない。また，その職を辞めた後においても同様とする，と定められています。

関係機関との連携は，福祉サービスおよび，これに関連する保健医療サービスや福祉サービス等が総合的かつ適切に提供されるよう，地域に即した創意と工夫を行いつつ，福祉サービス関係者等との連携を保たなければならない。資質向上の責務とは，環境の変化による業務の内容の変化に適応するため，相談援助又は介護等に関する知識および技能の向上に努めなければならない，と定められています。

8）任用資格：行政機関にかかわる専門職

①児童福祉司（児童福祉法）

児童福祉法第13条において「都道府県は，その設置する児童相談所に，児童福祉司を置かなければならない」と定められています。

児童相談所長の命を受けて，児童，保護者からの相談に応じ，必要な調査，社会診断を行い，必要な支援・指導を行っています。

資格要件は，「大学において，心理学，教育学若しくは，社会学を専修する学科又はこれらに相当する課程を修めて卒業した者であって，厚生労働省令で定める施設において1年以上相談援助業務に従事したもの」「医師・社会福祉士・精神保健福祉士・公認心理師・社会福祉主事として2年以上相談援助業務に従事した者であって，厚生労働大臣が定める講習会の課程を修了したもの」

等となっています。

②社会福祉主事（社会福祉法）

社会福祉法第 18 条において「都道府県，市および福祉に関する事務所を設置する町村に，社会福祉主事を置く」と定められています。都道府県の社会福祉主事は，生活保護法，児童福祉法および母子および父子並びに寡婦福祉法に定める援護又は育成の措置に関する事務を行うことを職務としています。

市町村の社会福祉主事は，それに加えて老人福祉法，身体障害者福祉法および知的障害者福祉法に定める援護，育成又は更生の措置に関する事務を行うことを職務としています。

資格要件は，「大学等において，厚生労働大臣の指定する社会福祉に関する科目を３科目以上修めて卒業した者」「都道府県知事の指定する養成機関又は講習会の課程を修了した者」「社会福祉士」「厚生労働大臣の指定する社会福祉事業従事者試験に合格した者」等となっています。

児童福祉にかかわる専門職として，児童福祉施設の職員は「児童福祉施設の設備および運営に関する基準」に基づき各施設の目的に応じて専門職が配置されています。

③児童指導員

児童指導員は，児童に対して安定した生活環境を整えるとともに，生活指導，学習指導，職業指導および家庭環境の調整を行いつつ児童を養育することにより，児童の心身の健やかな成長とその自立を支援しています。

児童養護施設，障害児入所施設，児童心理治療施設に配置されています。資格要件は，「都道府県知事の指定する児童福祉施設の職員を養成する学校その他の養成施設を卒業した者」「社会福祉士」「精神保健福祉士」「大学において，社会福祉学，心理学，教育学若しくは社会学を専修する学科又はこれらに相当する課程を修めて卒業した者」「幼稚園，小学校，中学校，義務教育学校，高等学校又は中等教育学校の教諭の免許状を有する者」等です。

④母子支援員

母子支援員は，母子生活支援施設において個々の母子の家庭生活および稼働の状況に応じ，就労，家庭生活および児童の養育に関する相談，助言および指導並びに連絡調整を行っています。資格要件は，「児童福祉施設の職員を養成する学校その他の養成施設を卒業した者」「保育士」「社会福祉士」「精神保健福祉士」等です。

⑤児童厚生員

児童厚生員は，児童厚生施設において児童の自主性，社会性および，創造性を高めもって，地域における健全育成活動の助長を図るよう遊びの指導を行います。

資格要件は，「児童福祉施設の職員を養成する学校その他の養成施設を卒業した者」「保育士」「社会福祉士」「幼稚園，小学校，中学校，義務教育学校，高等学校又は中等教育学校の教諭の免許状を有する者」等です。

⑥児童自立支援専門員・児童生活支援員

児童自立支援専門員は，児童自立支援施設において児童の自立支援を行っています。

資格要件は，「医師であって，精神保健に関して学識経験を有する者」「社会福祉士」「児童自立支援専門員を養成する学校その他の養成施設を卒業した者」「大学において，社会福祉学，心理学，教育学若しくは社会学を専修する学科若しくはこれらに相当する課程を修めて卒業した者であって1年以上児童自立支援事業に従事した者」「小学校，中学校，義務教育学校，高等学校又は中等教育学校の教諭の免許状を有する者であって，1年以上児童自立支援事業に従事した者又は2年以上教員としてその職務に従事した者」等です。

児童生活支援員は，児童自立支援施設において児童の生活支援を行っています。資格要件は「保育士」「社会福祉士」「3年以上児童自立支援事業に従事した者」です。その他に虐待対応や里親支援のために児童福祉施設に配置された専門職があります。

⑦家庭支援専門相談員（ファミリーソーシャルワーカー）

家庭支援専門相談員は，虐待等の家庭環境上の理由により入所している児童の保護者等に対し，児童相談所との密接な連携のもとに電話，面接等により児童の早期家庭復帰，里親委託等を可能とするための相談援助等の支援を行い，入所児童の早期の退所を促進し，親子関係の再構築等が図られるよう支援する専門職です。

児童養護施設，乳児院，児童心理治療施設，児童自立支援施設に配置されています。「社会福祉士若しくは精神保健福祉士の資格を有する者」「児童養護施設等において児童の養育に５年以上従事した者」等が家庭支援専門相談員の役職に就きます。

業務内容としては，対象児童の早期家庭復帰のための保護者等に対する相談援助業務，退所後の児童に対する継続的な相談援助，里親委託の推進のための業務，養子縁組の推進のための業務，地域の子育て家庭に対する育児不安の解消のための相談援助，要保護児童の状況の把握や情報交換を行うための協議会への参画，施設職員への指導・助言およびケース会議への出席，児童相談所等関係機関との連絡・調整など，多岐にわたる業務が挙げられます。

⑧里親支援専門相談員（里親支援ソーシャルワーカー）

里親支援専門相談員は，児童養護施設および乳児院に地域の里親およびファミリーホームを支援する拠点としての機能をもたせて児童相談所の里親担当職員，里親委託等推進員，里親会等と連携して里親委託の推進および里親支援の充実を図っており，児童養護施設や乳児院に配置されています。

資格要件は，「社会福祉士若しくは精神保健福祉士の資格を有する者」「児童養護施設等（里親を含む）において児童の養育に５年以上従事した者であって，里親制度への理解およびソーシャルワークの視点を有する者」とされています。

業務内容としては，里親の新規開拓，里親候補者の週末里親等の調整，里親への研修，里親委託の推進，里親家庭への訪問および電話相談，レスパイト・ケアの調整，里親サロンの運営，里親会の活動への参加勧奨および活動支援，アフターケアとしての相談が挙げられます。

⑨個別対応職員

個別対応職員は，虐待を受けた児童等の施設入所の増加に対応するため，被虐待児等の個別の対応が必要な児童への１対１の対応と，保護者への援助等を行う職員を配置し，虐待を受けた児童等への対応の充実を図っています。児童養護施設，乳児院，児童心理治療施設，児童自立支援施設，母子生活支援施設に配置されています。

業務内容としては，被虐待児童等特に個別の対応が必要とされる児童への個別面接，当該児童への生活場面での個別対応，当該児童の保護者への援助が挙げられます。

⑩心理治療担当職員

心理治療担当職員は，虐待等による心的外傷等のため心理療法を必要とする児童や夫等からの暴力等による心的外傷等のため心理療法を必要とする母を含めた母子に対して，遊戯療法，カウンセリング等の心理療法を実施します。心理療法を通して，心理的な困難を改善し，安心感・安全感の再形成および人間関係の修正等を図ることにより，対象児童等の自立を支援しています。配置される施設は，心理療法を行う必要があると認められる対象者（児童養護施設・児童自立支援施設は児童，乳児院は乳幼児又はその保護者，母子生活支援施設は母又は子）10 人以上に心理療法を行う施設，児童自立支援施設については定員 10 人以上につき配置，児童心理治療施設においては，入所定員数により７～９人につき１人配置となっています。

資格要件は，乳児院，児童養護施設又は母子生活支援施設に配置する場合「大学の学部で，心理学を専修する学科若しくはこれに相当する課程を修めて卒業した者であって，個人および集団心理療法の技術を有する者又はこれと同等以上の能力を有すると認められる者」，児童自立支援施設に配置する場合は加えて「かつ，心理療法に関する1年以上の経験を有する者」とされています。

業務内容としては，対象児童等に対する心理療法，生活場面面接，施設職員への助言および指導，ケース会議への出席が挙げられます。

9）関連領域の専門職

①医師（医師法）

医師は，医師法第1条において「医療および保健指導を掌ることによって公衆衛生の向上および増進に寄与し，もって国民の健康な生活を確保するものとする」と定められています。ほとんどの児童福祉施設に配置されており，各施設の目的や特性に応じた診療経験を有する事が条件となっています。

②看護師・保健師（保健師助産師看護師法）

看護師は保健師助産師看護師法第5条において「厚生労働大臣の免許を受けて，傷病者若しくは，じょく婦に対する療養上の世話又は診療の補助を行うことを業とする者」と定義されています。行政機関や乳児院，障害児入所施設，児童心理治療施設等の児童福祉施設に配置されています。

保健師は，同法第2条において「厚生労働大臣からの免許を受けて，保健師の名称を用いて，保健指導に従事することを業とする者」と定義されており，保健所や保健センターに配置されています。

③理学療法士・作業療法士（理学療法士および作業療法士法）・言語聴覚士（言語聴覚士法）

理学療法士および作業療法士法第2条において，理学療法とは「身体に障害のある者に対し，主としてその基本的動作能力の回復を図るため，治療体操その他の運動を行なわせ，および電気刺激，マッサージ，温熱その他の物理的手段を加えること」を指し，同法３条において理学療法士とは，「厚生労働大臣の免許を受けて，理学療法士の名称を用いて，医師の指示の下に，理学療法を行なうことを業とする者」とされています。この職種は，PT（Physical Therapist）と略して呼ばれることがあります。

作業療法とは，同法２条において「身体又は精神に障害のある者に対し，主としてその応用的動作能力又は社会的適応能力の回復を図るため，手芸，工作その他の作業を行なわせること」を指し，同法３条において作業療法士とは，「厚生労働大臣の免許を受けて，作業療法士の名称を用いて，医師の指示の下に，作業療法を行なうことを業とする者」と定義されています。この職種は，OT（Occupational therapist）と略して呼ばれることがあります。

言語聴覚士は言語聴覚士法第２条において「厚生労働大臣の免許を受けて，言語聴覚士の名称を用いて，音声機能，言語機能又は聴覚に障害のある者についてその機能の維持向上を図るため，言語訓練その他の訓練，これに必要な検査および助言，指導その他の援助を行うことを業とする者」と定義されています。この職種は，ST（Speech Therapist）と略して呼ばれることがあります。

医療機関，相談機関だけでなく，医療型の障害児入所施設や児童発達支援センターにも配置されています。

昨今の日本は，少子高齢化に伴い家庭や地域が持っていた養育機能が低下，変容しています。家庭だけでは補いきれない養育を，専門職を中心とした社会全体で支援していくことが求められています。子ども家庭福祉の課題は，生活と密着しており多方面にわたります。一つの分野だけでなく，必要な専門性を持ち寄り，子どもの最善の利益を探究する支援が必要となります。支援者（援助者）としての専門性をしっかりと意識し，資質の向上に努めるとともに，それぞれの専門性を理解した上で，さまざまな関係機関や専門職と連携・協働していくことが求められています。専門職がそれぞれの役割を理解し，福祉の向上を目指し誠実に取り組んでいくことが大切です。

引用・参考文献

野崎和義（2017）「児童福祉法」ミネルヴァ書房編集部『社会福祉六法』ミネルヴァ書房。
堀場純矢（2019）「児童家庭福祉の機関と施設」喜多一憲監修『児童家庭福祉』みらい，p.68-70。
堀場純矢（2019）「社会的養護の理念と体系」喜多一憲監修『社会的養護Ⅱ』みらい，p.21-27，p.183-184。
厚生労働省（2020）「社会的養護の施設等について乳児院」厚生労働省，https://www.mhlw.go.jp.
厚生労働省（2012）「児童養護施設運営指針」厚生労働省ホームページ。
全国乳児福祉協議会（2020）「乳児院の役割・機能」全国乳児福祉協議会ホームページ。
石垣儀郎（2020）「子ども家庭福祉に関わる施設と専門職」浦田雅夫編著『新・子ども家庭福祉』教育情報出版，p.46-51。
直島正樹・原田旬哉（2022）『図解で学ぶ保育　社会福祉』萌文書林。
志濃原亜美編集（2020）『みらい×子どもの福祉ブックス　社会福祉』みらい，p.72-79。
服部次郎編集（2018）『現代児童家庭福祉論』ミネルヴァ書房，p.146-156。
厚生労働省子ども家庭局（2021）「児童福祉法施行令及び地方自治法施行令の一部を改正する政令（子発 0721 第 2 号令和 3 年 7 月 21 日）」（通知）。
厚生労働省ホームページ（2022）「児童相談所運営指針」閲覧　https://www.mhlw.go.jp/bunya/kodomo/dv11/01.html
全国保健所長会ホームページ（2022. 8）「保健所ってどんなところ？」閲覧　http://www.phcd.jp/03/about/index.html#donna
厚生労働省（2017）「子育て世代包括支援センター業務ガイドライン」
厚生労働省雇用均等・児童家庭局長「家庭支援専門相談員，里親支援専門相談員，心理療法担当職員，個別対応職員，職業指導員及び医療的ケアを担当する職員の配置について（平成 28 年 6 月 20 日雇児発 0620 第 16 号）」

第3章

社会福祉の現状と課題Ⅰ

1　貧困とは（貧困の救済）

社会一般的な生活水準の半分にも満たない貧しい生活水準で生活している状況のことを貧困といいます。

貧困には「相対的貧困」と「絶対的貧困」があります。相対的貧困とは，社会一般に生活水準以下の生活で，健康で文化的な生活を送ることができない状態を指します。

絶対的貧困とは，明日食べるものがないというような，命にかかわる状態を指します。社会福祉の歴史でも見てきたように，貧困は社会で暮らす子どもから高齢者までの人々全体にかかわる問題です。

（1）子どもの貧困

義務教育終了後，進学する余裕がなく，また進学しても経済的に保護者が学費をまかなうことができず，子ども自身が働いてお金を稼がなければならないために，退学をしてしまうなど，学歴に影響することがあります。つまり，経済格差が学歴格差を生み，就職面での影響もあります。

健康面では，公的医療保険に加入していない，保険証を持つことができないため，医療費が全額自己負担となり，高額な医療費が支払えないため医療機関を受診できない子どももいます。また，保護者が貧困のために心身ともに疲れてしまい，体調を崩して失業してしまうこともあります。さらに，忙しさから子育てに余裕をなくしてしまい，子どもへの虐待に発展してしまうこともあります。このようなことは決して正しいことではありませんが，現代社会の実情です。

このように見てくると，子どもの貧困は経済面，学歴面および，健康面そして，就職面さらに子育てによる被虐待または，その恐れの５つの影響を受けるといえるでしょう。

子どもの貧困は，近年注目を集めている家族問題の一つです。日本も含めて，先進国と呼ばれている諸国で子どもの貧困に直面しています。これは，難民問題のように飢餓，そして死に直結するような絶対的貧困とはいえません。これまで見てきたように，貧しさにより，子どもの可能性が閉ざされている相対的貧困です。2021年末，内閣府より「令和３年子供の生活状況調査の分析報告」が発表されました。わが国で，子どもの貧困について全国的な調査が実施されたのは初めてのことです。

今回の調査は，2021年２月～３月にかけて行われました。調査の対象は，全国の親子5,000組で，有効回答数は2,715組（54.3%）でした。

注目すべきは，子どもの貧困調査としながら子どもだけではなく，保護者も対象としたことです。親が豊かで，子どもだけが貧しい，またはその反対も考えにくいからです。

子どもの貧困は，家庭の状況と密接に結びついています。親の経済状況や就労状況，子どものかかわり方などについて聞いているこの調査では，実態を明らかにするデータが得られます。ただし，今回の調査対象の子どもは中学生に限定されています。

経済的な状況については，世帯全体の年間収入を尋ねる設問に対して，1,000万円以上と回答した割合が15.3%と最も多く，次いで，500万円～600万円未満が12.2%，700万円～800万円未満が11.2%，600万円～700万円未満が10.5%などとなっています。一方，300万円未満と答えた割合も10%を超えています。さらに，50万円～100万円未満が1.0%，50万円未満が0.3%という回答もあります。

等価世帯収入を基準にして経済的状況の回答を見ると準貧困層は全体の36.0%となり，貧困層は12.9%となっています。

ひとり親世帯を見ていくと，貧困層が50.2%です。とりわけ，母子世帯では54.4%となっており，過半数以上が貧困の問題を抱えているという結果となります。

この調査以前より，ひとり親世帯，特に母子世帯の貧困率が過半数を超えていることから，2013年に子どもの貧困対策を総合的に推進することを目指して「子どもの貧困対策の推進に関する法律」が制定され，2014年4月より，施行されています。

コメント

等価世帯収入とは，同居家族人数で年間収入を平方根で調整したものです。これにより，貧困層・準貧困層に分けられます。貧困層の水準は，世帯の収入の中央値の2分の1未満。準貧困層の水準は世帯収入が中央値の2分の1以上ではあるが，中央値未満の状態となります。

(2) 新型コロナウイルスの感染拡大による影響

この調査では，新型コロナウイルス感染拡大による影響についても調べています。世帯全体の収入が「減少した」と回答した割合は32.5％となっています。回答の割合を詳しく見ると，準貧困層では39.6％，貧困層では47.4％となっています。このことから，収入の少ない世帯の方が，より大きなダメージを受けていることがわかります。また，コロナウイルス感染症の拡大により「お金が足りなくて必要な食料や衣服が買えない」ことが増えた，と回答した世帯の割合は全体で10.6％でした。準貧困層では14.8％，貧困層では29.8％と，高くなっています。子どもの貧困の問題は，子どもの貧困率という視点から用いられています。

2012年には，過去最悪の16.3％となり，日本において6人に1人の子どもが貧困状態であることに社会は衝撃を受けました。2015年には13.9％と改善されましたが，それでもなお7人に1人の子どもが貧困状態にあります。

(3) 子どもの貧困の要因

離婚率の増加も，子どもの貧困における大きな要因の一つになっています。厚生労働省における，令和4年度 離婚に関する統計の概況人口動態統計特殊報告では，令和２年では193,253組と報告されています。これは，結婚した夫婦のうち約３組中１組が離婚していることになります［厚生労働省：離婚に関する統計の概況：2023］。

パートナーと離別，あるいは死別するとひとり親世帯となります。ひとり親世帯の問題は，所得が低いことにあります。その中で，最も所得が少ないのが母子世帯です。多くの母子世帯では，母親は保育所などに子どもを預けて働きに出かけます。しかし，頼る人がいない母親は子どもの病気などで，いつ早退するのかわからない状況で，正規社員として採用される割合は高くありません。非正規雇用で働き，育児や家事などに追われ，心身ともに疲れてしまっています。その結果，子どもとかかわる時間が取れず，言葉をかけたり遊んだりする時間が少なくなります。

父子世帯の場合，問題が少ないように思われるかもしれません。確かに，所得の面では母子世帯と比べると，高い傾向にあります。しかし，正規雇用で働くことの多い父親は，就労時間が長いために，子どもとのかかわりは少なくなります。また，母子世帯は低所得であるがゆえに，生活保護など福祉につながりやすいのに対して，一定の収入がある父子世帯では，福祉的支援に結びつく機会が少なくなりがちです。

(4) 生活保護制度

貧困の対策として代表的なものの一つとして，生活保護制度があります。この制度は，正しく運用されるために４つの原理と，４つの原則があります。

1）４つの原理

社会福祉の歴史でもふれた，日本国憲法第25条に定められた生存権の保障を担う原理です。

・国家責任の原理（生活保護法第１条）

生活保護実施の責任主体は国家であることを示しています。これは，憲法第

25条に定める「生存権」を具現化するとても重要な原理です。

・無差別平等の原理（生活保護法第２条）

身分や社会的地位に関係なく，平等に保護されることを示しています。また，貧困の原因にとらわれず，貧困状態そのものに着目して保護することを示しています。これは，歴史的反省から具現化された原理と捉えられるでしょう。

・最低生活保障の原理（生活保護法第３条）

生活保護制度が保証すべき水準は「健康で文化的な最低限度の水準」であることを示しています。

・補足性の原理（生活保護法第４条）

被保護者に対して，資産・能力その他のあらゆるものの活用を求めている原理です。これは，他法優先の原理とも結びつくもので，日本では資産調査，通称ミーンズテストが行われます。つまり，どれだけ活用可能な資産があるのかを調べるものです。他法優先の原理とは，生活保護法以外のあらゆる制度を利用しても，それでも困窮する場合にしか受給することはできないという原理です。

生活保護の適用にあたっては，生活保護制度以外の法制度の活用が求められます。それらの活用を行っても，なお最低生活の維持ができない場合に生活保護を受給することが可能となります。

2）４つの原則

・申請保護の原則（生活保護法第７条）

生活保護制度は，原則「申請主義」です。これは，本人または，扶養義務者および，同居親族の申請に基づいて保護が行われることです。生活保護制度は最後のセイフティーネットという位置づけであるため，福祉行政担当者が要保護者は緊急を要する状況にあると判断したときには，申請がなくても必要な保護を行うことができます。このことを職権保護といいます。

・基準及び程度の原則（生活保護法第８条）

保護は厚生労働大臣の定める基準に基づき行われます。また，最低限度の生活を満たすものでなければなりません。一方，これを越えるものは認められません。厚生労働大臣が定める生活水準の基準は，被保護者が受給する金額を見極めたものであり，その世帯が生活保護の対象であるのか否かを判断する基準としても作用しています。

・必要即応の原則（生活保護法第９条）

生活保護は，年齢や健康状態に応じて，個人又は世帯に必要な状態を考えて有効に，また，適切に行われます。これは，必要な人に必要な支援を少しでも早く行うことを表しています。

・世帯単位の原則（生活保護法第 10 条）

貧困は個人ではなく，世帯単位で現れるという考え方に基づいた原則です。保護は世帯単位として行われますが，例外的に「世帯分離」を行って，個人単位で保護を実施することもあります。つまり，あくまでも貧困の救済を優先しているといえます。

3）生活保護の種類

生活保護には８種類の扶助があります。生活保護制度は「健康で文化的な最低限度の生活を送ることができる水準」つまり，「最低生活費」を基準に作られている制度です。

①生活扶助（日常生活費）

②住宅扶助（家屋の修繕や家賃）

③教育扶助（義務教育にかかる費用）
④介護扶助（介護保険の利用にかかる費用）
⑤医療扶助（受診・入院などにかかる費用）
⑥出産扶助（出産にかかる費用）
⑦生業扶助（就労に必要な技能を習得する費用，高等学校の就学にかかる費用）
⑧葬祭扶助（葬祭にかかる費用）

上記，8種類の扶助があり，これらの合計が最低限度の生活費となります。これらのほとんどの扶助が現金給付ですが，医療扶助については疾病など，その状態によって医療費が異なるため，現物給付の形態をとっています。被保護者は，医療機関の窓口で医療券を提出すれば必要な医療を受けることができます。

勤労収入がある場合には，生活保護の最低生活費から，その収入分が差し引かれます。しかし，就労に必要な経費や就労意欲を助長するために，一定額が「勤労控除」という形で控除されます。

2 福祉にかかわる行政機関

行政とは国会または議会によって決められた法律などに従って，国や地方公共団体が政治を行うことをいいます。ここでいう地方公共団体とは，都道府県や市町村のことです。

子どもをはじめとする社会福祉行政を担う国の公的機関の中心は，厚生労働省です。2023年度より，こども家庭庁が創設され，さまざまに府庁が管轄している子どもに関する政策が一元化されます。

子ども家庭福祉（児童福祉）にかかわる地方公共団体の行政機関としては，福祉事務所や児童相談所などがあります。

(1) こども家庭庁

政府は，子ども家庭庁の設置，創設の基本方針の中で，以下のように解説しています。

「こどもまんなか社会の実現に向けて専一に取り組む独立した行政機関と専任の大臣が司令塔となり，政府が一丸となって取り組む必要がある。当該行政組織は，新規の政策課題に関する検討や制度作りを行うとともに，現在各府省庁の組織や権限が分かれていることによって生じている弊害を解消・是正する組織でなければならない」［内閣官房：子ども政策の新たな推進体制に関する基本方針：2021］

つまり，こども家庭庁は縦割り行政の弊害を解消・是正する目的で創設されました。この目的は大きくて捉えにくいので，幼児教育と保育施設の管轄を解説しながら見ていきます。

＜こども家庭庁創設前＞

・幼稚園：文部科学省
・保育園（認可保育所）：厚生労働省
・こども園，小規模保育施設他：内閣府

＜こども家庭庁創設後＞

・幼稚園：文部科学省
・保育園（認可保育所）：こども家庭庁
・こども園，小規模保育施設他：こども家庭庁

こども家庭庁創設前後で管轄が変わらないのが，幼稚園です。教育機関として幼稚園は文部科学省のままで，こども家庭庁と連携協議をしていくという方針になっています。

こども家庭庁の役割について，内閣官房こども家庭庁設立準備室が子ども向けに作成している解説資料があります。とてもやさしく，わかりやすい表現で

解説されていますのでそのまま引用します。

・「政府の中の子ども政策全体のリーダー」

これまで子どもに関係する仕事は，政府のいろいろな省や庁が別々に行ってきました。これからは「こども家庭庁」が政府の中のこども政策全体のリーダーになります。「こども家庭庁」には，こども政策を担当する大臣をおきます。その大臣は，他の大臣が担当する仕事（たとえば，文部科学省が担当する教育の仕事など）が十分ではないとき，もっと良くするように言うことができます。

・「新しい課題などに対応する」

これまでなかった課題，どの省庁が担当するかはっきりしなかった課題や対応が十分ではなかった課題に取り組みます。［こども家庭庁について，やさしい版（ばん）：こども家庭庁：2023］

基本方針の「はじめに」では，こども家庭庁が創設されることになった背景が記述されています。そこには，「少子化，人口減少に歯止めがかからない。令和２年度には，児童虐待の相談件数や不登校，いわゆるネットいじめの件数が過去最多」になっていると書かれています。大変痛ましいことに令和２年は約800人もの19歳以下の子どもが自殺しています。子どもを取り巻く状況は深刻になっており，さらにコロナ禍が子どもや若者，家庭に負の影響を与えています。

こども家庭庁でいうところの「子ども」は，乳幼児期だけを対象としているのではなく，「大人になるまでの者」という扱いになっています。最も広義では，乳幼児から30歳未満まで含むことになります。

「こどもまんなか社会」という表現は，とても大きな意味を持ちます。「子どもの視点」から「子どもの最善の利益」を考えていく，というところがこども家庭庁の特徴です。

（2）厚生労働省

厚生労働省には，内部に部局として雇用環境・均等局，老健局，社会・援護局，年金局があります。性別にかかわらずに，平等に働く機会を設けたり職場のハラスメントなどの環境に関することにかかわったりします。特に，社会・援護局は，社会福祉法人，生活保護，ホームレスの対応そして，困難な問題を抱える人々への支援などにかかわる業務を担っています。

（3）福祉事務所

社会福祉法で，都道府県と市に設置することが義務付けられています。業務内容は，生活保護，児童，身体障害者，知的障害者，老人，母子および父子並びに寡婦に関する福祉です。いわゆる社会福祉六法に定められている福祉全般の事務などを行っています。

福祉事務所の中には，家庭児童相談室が設けられています。子どもと家庭に関する相談や対応を，家庭児童福祉主事や家庭相談員といった専門職が担っています。

（4）児童相談所

児童相談所は，原則 18 歳未満までの子ども（必要な場合は最長 22 歳まで）と妊産婦に関する支援業務を担う専門的な相談機関です。各都道府県，政令指定都市によって独自の名称を設けているところもあります。児童相談センター，こども家庭センター，児童障害者相談センターなど，一見異なるように思われますが，業務内容と機能は児童相談にかわりありません。

児童相談所の役割は，市町村での対応が難しい相談事例の対応や子どもを施設に保護したり預けたり，入所措置などです。

また，児童相談所の多くに付設されている一時保護所では，児童の安全確保や虐待などの状況把握のために，一時的に子どもを保護しています。その際，子どもの心理診断や行動診断を行い，生活環境を検討して在宅での支援か，施設での支援がのぞましいのか，子どもの最善の利益の観点から検討します。

図表３－１　児童相談所が受ける相談の種類と内容

分　類	相談の種類	内　容
養護相談	児童虐待相談	児童虐待に関する相談。
	その他	父又は母等保護者の家出，失踪，死亡，離婚，入院，稼働及び服役等による養育困難児，棄児（捨てられた子），迷子，虐待を受けた子ども，親権を喪失した親の子，後見人を持たぬ児童等環境的問題を有する子ども，養子縁組に関する相談。
保健相談	保健相談	未熟児，虚弱児，内部機能障害，小児喘息，その他の疾患（精神疾患を含む）等を有する子どもに関する相談。
障害相談	肢体不自由相談	肢体不自由児，運動発達の遅れに関する相談。
	視聴覚障害相談	盲（弱視を含む），ろう（難聴を含む）等視聴覚障害児に関する相談。
	言語発達障害等相談	構音障害，吃音，失語等音声や言語の機能障害をもつ子ども，言語発達遅滞，学習障害や注意欠如多動症を有する子ども等に関する相談。ことばの遅れの原因が知的障害，自閉症，しつけ上の問題等他の相談種別に分類される場合はそれぞれのところに入れる。
	重症心身障害相談	重症心身障害児（者）に関する相談。
	知的障害相談	知的障害児に関する相談。
	発達障害相談	発達の障害に関わる相談。
非行相談	虞犯（ぐはん）等相談	虚言癖，浪費癖，家出，浮浪，乱暴，性的逸脱等のぐ犯行為若しくは飲酒，喫煙等の問題行動のある子ども，警察署からぐ犯少年として通告のあった子ども，又は触法行為があったとされても警察署から法第25条による通告のない子どもに関する相談。
	触法行為等相談	触法行為があったとして警察署から法第25条による通告のあった子ども，犯罪少年に関して家庭裁判所から送致のあった子どもに関する相談。受け付けた時には通告がなくとも調査の結果，通告が予定されている子どもに関する相談についてもこれに該当する。

育成相談	性格行動相談	子どもの人格の発達上問題となる反抗，友達と遊べない，落ち着きがない，内気，緘黙，不活発，家庭内暴力，生活習慣の著しい逸脱等性格もしくは行動上の問題を有する子どもに関する相談。
	不登校相談	学校及び幼稚園並びに保育所に在籍中で，登校（園）していない状態にある子どもに関する相談。非行や精神疾患，養護問題が主である場合等にはそれぞれのところに分類する。
	適性相談	進学適性，職業適性，学業不振等に関する相談。
	育児・しつけ相談	家庭内における幼児のしつけ，子どもの性教育，遊び等に関する相談。
	その他の相談	上記のいずれにも該当しない相談。

出所：厚生労働省「児童相談所の運営指針について」をもとに筆者作成。

2022年の児童福祉法改正によって，施設入所など保護者が同意しない場合は，裁判官への請求が必要になりました。児童相談所が受ける相談の種類と内容は図表３－１の通りです。

3 子ども虐待

(1) 子ども虐待の定義

2000年に児童虐待の防止を目的として「児童虐待の防止等に関する法律」が制定され，2020年に改正されました。この法律では，児童虐待の種類を４つにわけて定義をしています。

・身体的虐待

児童の身体に外傷が生じ，又は生じるおそれのある暴力を加えること。

殴る，蹴る，叩く，投げ落とす，激しく揺さぶる，やけどを負わせる，溺れさせる，首を絞める，縄などにより一室に拘束するなど。

・性的虐待

児童にわいせつな行為をすること，又は児童をしてわいせつな行為をさせること。

子どもへの性的行為，性的行為を見せる，性器を触る又は触らせる，ポルノグラフィの被写体にするなど。

・ネグレクト（育児放棄）

児童の心身の正常な発達を妨げるような著しい減食，又は長期間の放置，保護者以外の同居人における次に掲げる行為と同様の行為の放置その他の保護者としての監護を著しく怠ること。

家に閉じ込める，食事を与えない，ひどく不潔にする，自動車の中に放置する，重い病気になっても病院に連れて行かない。など

・心理的虐待

児童に対する著しい暴言又は著しく拒絶的な対応。児童が同居する家庭における配偶者に対する暴力（配偶者の身体に対する不法な攻撃であって生命又は身体に危害を及ぼすもの及び，これに準ずる心身に有害な影響を及ぼす言動を言う）。その他の児童に著しい心理的外傷を与える言動を行うこと。

言葉による脅し，無視，きょうだい間での差別的扱い，子どもの目の前で家族に対して暴力をふるう（ドメスティックバイオレンス：DV），きょうだいに虐待行為を行うなど。［出所：厚生労働省「児童虐待の定義」より，一部引用］

これら４種類の児童虐待は，単独ではなく重複して行われることが多くあります。子どもの成長段階を無視した無理な要求は虐待になります。したがって，対人援助の専門職は子どもの発達段階を理解し，一人ひとりの子どもに応じた対応を行い，保護者に適切なアドバイスをすることが必要です。また，上記４つの虐待以外にも親の精神疾患が影響する虐待行為があります。虚偽性障害の一つで，ミュンヒハウゼン症候群があります。これは，自分に周囲の関心

を引き寄せるために虚偽の話をしたり，自らの体を傷つけたり，病気を装ったりする症例です。この疾患により，対象が自分ではなく，子どもを傷つけることにより自らに関心を集める行為「代理ミュンヒハウゼン症候群」が，虐待にあたります。

代理ミュンヒハウゼン症候群の多くは，自分の子どもへの虐待を障害行為が目的ではなく，自らの精神的満足のための手段として行います。

(2) 虐待が子どもに及ぼす影響

子ども虐待が子どもに及ぼす影響には，次のようなことがあります。

①生命の危険
②知的発育に関わる危険（身体的虐待の後遺症から発達が妨げられる）
③精神的障害の危険（愛着形成の問題）
④繰り返し虐待を受ける危険
⑤他者を傷つける危険

虐待は，強い者から弱い者に対して行われます。自分の受けた経験から他者に行ってしまうこともあります。

子ども同士の場合は，保護者にされたことを年下の子どもに行ってしまうことがあります。自分にその行為を向けてしまう，自傷の子どもも多くいます。

(3) 虐待通告の義務

児童福祉法第25条や児童虐待防止法第６条では，児童虐待（疑いを含む）を発見した人に通告の義務を課しています。

児童虐待を受けたと思われる子どもを発見した人は誰でも，できる限り早く都道府県に設置されている福祉事務所や児童相談所に通告をしなければなりません。それがたとえ間違いの可能性があったとしても，子どもの安全や命が脅かされている恐れのある場合，通告することがわたしたちの義務です。通告は匿名で行うこともできます。さらに，学校での役割についても決められています。

図表３－２　児童相談所における児童虐待の相談対応件数

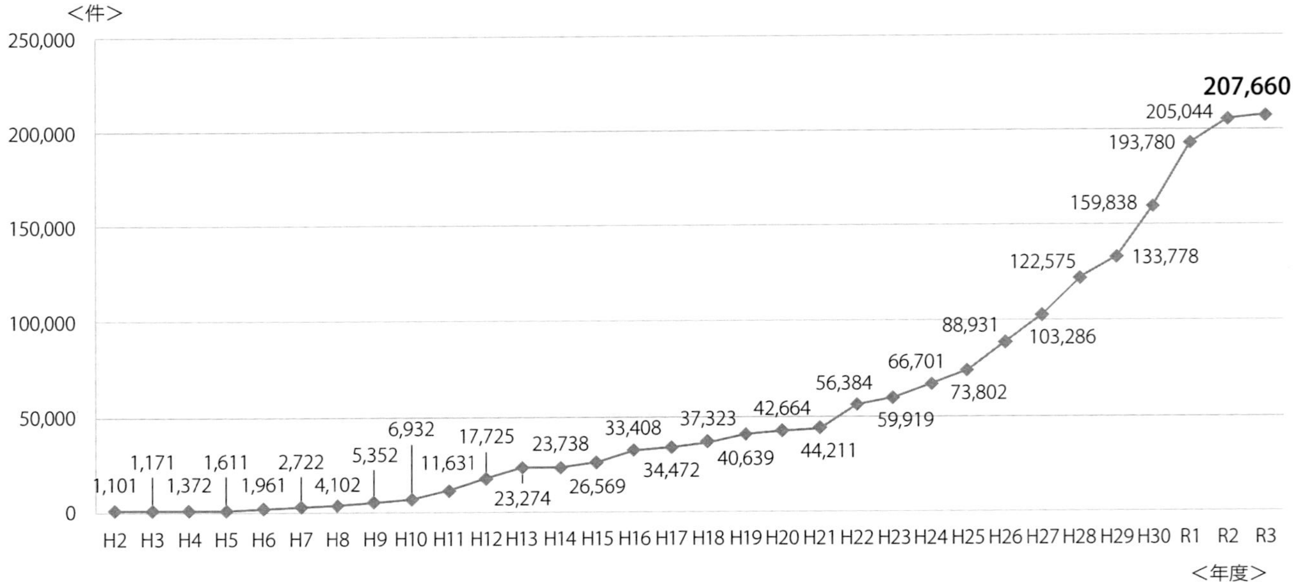

出所：厚生労働省データをもとに筆者作成。

学校は子どもたちが生活の大半の時間を過ごす場所です。教員は子どもと最も密接にかかわる大人です。したがって，学校と教員には児童虐待の早期発見のための努力義務が課せられています。

図表３－２は，児童相談所における児童虐待の相談対応件数を表したグラフです。2021年度の児童虐待相談対応件数は，207,660件と過去最多となりました。

(4) 虐待としつけの違い

・虐待の言葉の意味

ab（abnormal，正常から外れた）＋ use（取り扱い）つまり，「不適切な取扱い」となります。

子育てにおいて，子どもが適切ではない扱われ方をしたときは，すべて「虐待」となります。ここから，虐待としつけの違いを見ていきます。

1）虐待としつけの違い，３つのポイント

①しつけには時期がある

ここでいう時期とは，発達のことも意味します。例えば，おむつをはいていた幼児が，ある日突然「トイレでしなさい」と注意を受けたとします。これは，幼児にとっては理解ができません。子ども自身がおむつにすることが体感的に嫌になったり，トイレですることの意味を理解できたり，大人の都合ではなく，時期を見計らって導くことがポイントです。

②親のパワーの行使に一貫性がある（ほめる・しかる）

乳幼児期は大人に対する信頼を培う重要な時期です。大人は自分の話を聞いてくれて，気持ちを理解してくれる，ということがわかるようになることは大切です。一貫性のある対応を受けると，この信頼が形成されます。一方，逆に一貫性がなく，子どもがどのような対応を行っても叱られると，子どもは自身の存在自体を否定されていると感じていくようになります。自己肯定感が下が

り，愛着形成の問題にまで発展してしまいます。

③子どもに主導権を持たせる

しつけは「押し付け」ではありません。押し付けられたものはなかなか身につきません。それは，型通りで心がこもっていないからです。上記①②で述べた姿勢で子どもに接することにより，子どもの人権を尊重することになります。そこには大人からの無条件の愛情が大切です。ここでいう無条件の愛情とは，見返りを求めない，という意味です。子どもの基本的人権を守ることが「しつけ」であり，育て（育ち）の基本です。

しつけは，基本的生活習慣や社会のルール，そして理性を育てるものです。しつけ教育をきちんと受けている子どもはストレスにも耐性が強い傾向があります。しつけは子どもの発達段階に応じて行っていくものです。いうことを聞かないから，と暴力を振るって従わせるものではありません。

大切なことは，大人（親）にとって「しつけ」であっても子どもにとって有害ならば，それは「虐待」になるということです。

4 ひとり親家庭への支援と生活課題

（1）ひとり親家庭の現状

社会の価値観や生活の様子の変化により，家族形態の変化が見られるようになってきました。その中でも，ひとり親家庭の増加があります。

令和 3 年国勢調査結果によると母子世帯は 119 万世帯を超え，そのうち同居者もいない母親のみの世帯が約 77 万世帯です。父子世帯は約 15 万世帯の内，父のみの世帯は約 8 万世帯で増加傾向にあります。

ひとり親となった背景には，死別，離婚，行方不明，未婚の母があります。近年は，母子家庭・父子家庭共に離婚による理由が多いです。母子家庭の内，未婚の母の家庭は年々増加しています。

就労状況としては，母子家庭の母の 86.3％が就業しており，正規の職員・従

図表３－３　ひとり親世帯の現状

令和３年度		母子家庭	父子家庭
世帯数		119.5 万世帯	14.9 万世帯
理由		離婚 79.5% 死別 5.3%	離婚 69.7% 死別 21.3%
就業率		86.3%	88.1%
就業者の内	正規職員・従業員	48.8%	69.9%
	自営業	5.0%	14.8%
	パート・アルバイト	38.8%	4.9%
平均年間収入（母又は父自身の収入）		272 万円	518 万円
平均年間就労収入（母又は父自身の就労収入）		236 万円	496 万円
平均年間収入（同居親族を含む世帯全員の収入）		373 万円	606 万円

出所：令和３年度全国ひとり親世帯等調査より筆者作成。

業員が 48.8% と一番多いのですが，半数に満たない現状です。前回の平成 28 年度調査ではパート・アルバイト等の割合も半数近くありましたが，令和３年度では 5% 程度減少しており，パート・アルバイトや派遣社員から正規職員・従業員へ移行していることがみられます。図表３－３はひとり親世帯の現状をあらわしたものです。

収入面では，母子家庭の母自身の平均就労収入が 236 万円であるのに対して，父子家庭の父自身の平均就労収入は 496 万円となっており，母の収入は半分程度にとどまっており，男女での経済的な格差の課題を抱えていることが見受けられます。

ひとり親になった時の親の年齢は，母の平均年齢は 34.4 歳，父の平均年齢は 40.1 歳となっています。末子の平均年齢を見ると，母子家庭では 4.6 歳，父子家庭では 7.2 歳となっています。ひとり親になったことを幼児期の子どもがどのように理解しているのか，どの程度理解できているか，心のケアも含めた支援が必要だと考えられます。母子家庭の平均世帯人員は 3.20 人，子ども以外の同居人がいるのは35.2%，親と同居しているのは24.2%となっています。父子家庭では，平均世帯人員は3.42人，子ども以外の同居人がいるのは46.2%，親と同居しているのは34.3%となっており，父子家庭の方が家庭内にサポートを受けられる親等の同居人がいる割合が高いことが伺えます。

ひとり親家庭の親の帰宅時間について，午後6～8時に帰宅する人が母子家庭で43.8%，父子家庭で45.3%とそれぞれ多くなっています。保育施設へ預けている，親等の同居人が世話をしている時間が長い，言い換えれば親と過ごす時間は帰宅からわずかな時間であることがわかります。

養育費の状況についての回答をみてみると，離婚の際又はその後の養育費の関係で相談した人は母子家庭の母が50.2%，主な相談相手としては親族が42.1%，弁護士が22.1%となっています。父子家庭の父では，34.2%が相談し，主な相談相手は親族が44.7%と多く，次いで弁護士が22.3%となっています。養育費の取り決め状況については，母子家庭では取り決めをしているが46.7%であるのに対して，父子家庭では28.3%となっています。協議離婚をした家庭では，その他の離婚に比べ取り決めをしている割合が低くなっています。また，未婚も離婚に比べて養育費の取り決めをしている割合が低くなっています。取り決めをしていない理由について，母子家庭では「相手と関わりたくない」「相手に払う意思がないと思った」が多く，父子家庭では「自分の収入等で経済的に問題ないから」「相手と関わりたくないから」が挙げられています。養育費を受けている家庭の内，額が決まっている家庭の平均月額は母子家庭で50,485円，父子家庭では26,992円となっています。

親子（面会）交流についても，取り決めをしていると回答した割合が母子家庭30.3%，父子家庭で31.4%となっています。協議離婚では取り決めをしている割合が高く，未婚では取り決めをしている割合は低くなっています。取り決めをしていない理由については，「相手と関わりたくない」「取り決めをしなくても交流ができる」が挙げられています。交流を継続している割合は，母子家庭では30.2%，父子家庭では48.0%となっています。頻度は，「月1回以上2

回未満」が母子家庭では24.2％，父子家庭では27.7％と多くなっています。面会を行っていない理由としては，母子家庭では「相手が交流を求めてこない」，父子家庭では「子どもが会いたがらない」が多くなっています。

公的制度等の利用状況については，公共職業安定所（ハローワーク），市区町村福祉関係窓口が多くなっており，就労や手当等の経済面での目的が主となっていることがうかがえます。母子・父子福祉資金制度については，「不満」「やや不満」を合わせると，母子家庭で40.7％，父子家庭で68.7％，「満足」と回答した割合は，母子家庭で46.4％，父子家庭では31.3％となっており，父子家庭での利用に課題がある様子が見られます。児童扶養手当の受給は，母子家庭で69.3％，父子家庭で46.5％となっています。公的年金や生活保護の受給については，10％以下となっています。

ひとり親家庭の抱える悩みについて「親自身が困っていること」「子どもについての悩み」に分けて調査された結果を見ていくと，親自身が最も困っていることは，母は「家計」「仕事」「自分の健康」，父は「家計」「家事」「自分の健康」が上位３つに挙げられています。子どもについての悩みは，どちらも「教育・進学」が高い割合で挙げられています。

こうした悩みの相談相手の有無を尋ねる項目では，「いる」と答えたのは母子家庭78.1％，父子家庭54.8％となっています。父子家庭の半数近くで相談相手がいないことが懸念されます。相談相手はどちらも親族か友人と答えています。相談相手が「いない」と答えた人の中で，相談相手が欲しい人は母子家庭で58.1％，父子家庭で48.0％，必要ないと答えた人は母子家庭で41.9％，父子家庭で52.0％となっています。相談相手が欲しいと答えた人の中で困っていることを尋ねると，ともに「家計」「仕事」を挙げています。

図表３－４および図表３－５はひとり親家庭の悩みについてまとめたものです。これらの調査結果からは，離婚によるひとり親家庭となった背景がある家庭が多い現状が見られます。そして，就労や経済的な悩みを抱えていること，子どもの教育等の将来に対する悩みや不安を抱えていることが見えてきます。こうした課題を解消していくための施策が求められています。

図表３－４　ひとり親家庭の悩み等

親自身が困っていること	母子家庭	父子家庭
住居	9.4%	4.7%
仕事	14.2%	11.4%
家計	49.0%	38.2%
家事	3.0%	14.1%
自分の健康	10.7%	11.8%
親族の健康・介護	6.7%	10.9%
その他	6.8%	8.9%

出所：令和３年度全国ひとり親世帯等調査をもとに筆者作成。

図表３－５　ひとり親家庭の悩み等

子どもについての悩み	母子家庭	父子家庭
しつけ	8.8%	8.9%
教育・進学	60.3%	57.5%
就職	5.8%	7.8%
非行・交友関係	1.9%	1.5%
健康	5.2%	5.2%
食事・栄養	3.1%	6.9%
衣服・身の周り	1.0%	1.9%
結婚	0.5%	1.2%
障害	6.5%	5.2%
その他	7.0%	3.8%

出所：令和３年度全国ひとり親世帯等調査をもとに筆者作成。

(2) ひとり親家庭等の支援

ひとり親家庭の抱える課題を解決していくために，どのような支援が行われているかを見ていきます。母子及び父子並びに寡婦福祉法に基づき，「子育て・生活支援」「就業支援」「養育費確保支援」「経済的支援」の４つの柱による自立支援策を推進しています。

1）子育て・生活支援

母子・父子自立支援員による生活支援，ヘルパー派遣，保育所等の優先入所，子どもの生活・学習支援事業等による子どもへの支援，母子生活支援施設の機能拡充等があります。

前項でひとり親家庭の悩みに「家事」が挙げられていましたが，日々の生活の支援として，ひとり親家庭等日常生活支援事業があります。支援内容は，修学や疾病などにより生活活動，保育等のサービスが必要となったときに家庭生活支援員を派遣，又は家庭生活支援員の居宅等において子どもの世話等を行います。

乳幼児又は小学校に就学する児童のいるひとり親家庭については，就労上の理由により帰宅時間が遅くなる等の場合の定期的な利用も可能としています。また，保護者が一時的に養育困難となる場合には，児童福祉施設への短期入所生活援助（ショートステイ）事業や夜間養護等（トワイライト）事業の利用も可能です。

2）就業支援

母子・父子自立支援プログラムの策定やハローワーク等との連携による就業支援の推進，母子家庭等就業・自立支援センター事業の推進，能力開発等のための給付金の支給などが挙げられます。

前項で述べたひとり親家庭の悩みの一つである「仕事」に対応する事業としては，特に母子家庭の就業支援が重要となるため，子育て女性等に対する再就職支援を実施するマザーズハローワーク事業では，担当者を決めて細やかな相談に乗れるような体制を整えています。

母子家庭の生活形態に合った労働条件の求人や母子家庭に理解を示す協力企業の求人を紹介したり，相談に集中できるように託児を併設したり利用しやすい工夫がされています。

3）養育費確保支援

養育費確保支援養育費・面会交流相談支援センター事業の推進，母子家庭等就業・自立支援センターにおける養育費相談の推進，「養育費の手引き」やリーフレットの配布がされています。

離婚によるひとり親家庭が増えていること，養育費や面会交流等の取り決めをできていない親が多いことから，母子家庭等就業・自立支援センターの事業として養育費等支援事業があります。知識をつける手続きや請求などの支援をすることで養育費を受けられるように，弁護士等専門家に相談しやすいようになっています。

4）経済的支援

児童扶養手当の支給，母子父子寡婦福祉資金の貸付など，図表3－6は，就職のための技能習得や児童の就学など12種類の福祉資金の貸付をまとめたものです。

図表３－６　母子父子寡婦福祉資金の種類

種　類	内　容
事業開始資金	母子・父子福祉団体については政令で定める事業を開始するのに必要な設備，什器，機械等の購入資金
事業継続資金	現在営んでいる事業を継続するために必要な商品，材料等を購入する運転資金
修学資金	高等学校，高等専門学校，短期大学，大学，大学院又は専修学校に就学させるための授業料，書籍代，交通費等に必要な資金
技能習得資金	自ら事業を開始し又は会社等に就職するために必要な知識技能を習得するために必要な資金
就業資金	事業を開始し又は就職するために必要な知識技能を習得するために必要な資金
就職支度資金	就職するために直接必要な被服，履物等及び通勤用自動車等を購入する資金
医療介護資金	医療又は介護（当該医療又は介護を受ける期間が１年以内の場合に限る）を受けるために必要な資金
生活資金	知識技能を習得している間，医療若しくは介護を受けている間，母子家庭又は父子家庭になって間もない（7年未満）者の生活を安定・継続する間（生活安定期間）又は失業中の生活を安定・継続するのに必要な生活補給資金 臨時児童扶養等資金：児童扶養手当受給相当まで収入が減少した者の生活を安定・継続するのに必要な生活補給資金（児童扶養手当を受給している者は除く）
住宅資金	住宅を建設し，購入し，補修し，保全し，改築し，又は増築するのに必要な資金
転宅資金	住宅を移転するため住宅の貸借に際し必要な資金
就学支度資金	就学，修業するために必要な被服等の購入に必要な資金
結婚資金	母子家庭の母又は父子家庭の父が扶養する児童及び寡婦が扶養する20歳以上の子の婚姻に際し必要な資金

出所：こども家庭庁「ひとり親家庭等の支援について（令和５年）」をもとに筆者作成。

このように，支援を必要とする人々のニーズに合わせた施策を推進・活用していきながら，個々のケースに寄り添う「相談相手」や近くで支える役割が子育てを支える専門職には求められています。

5 ジェンダーの課題

(1) ジェンダーと平等

1）SDGs から見るジェンダー

ジェンダーの平等を実現していくことが，SDGs 17 の目標の一つに掲げられています。図表３－７は，SDGs 17 の目標をあらわしたものです。

このSDGs 17 の目標の中で，5の「ジェンダー平等を実現しよう」では，具体的に以下の6つを目標として挙げています。

①すべての女性と女の子に対する差別をなくす。

②女性や女の子を売り買いしたり，性的な目的も含め一方的に利用したり，

図表３－７　SDGs 17 の目標

出所：日本ユニセフ協会 HP より転記。

あらゆる暴力をなくす。

③子どもの結婚，早すぎる結婚，強制的な結婚，女性器を刃物で切り取る習慣など，女性や女の子を傷つける習わしをなくす。

④家庭内の子育て，介護や家事などは，お金が払われる仕事と同じくらい大切な「仕事」であるということを，それを支える公共のサービスや制度，家庭内の役割分担などを通じて認めるようにする。

⑤政治や経済や社会の中で，何かを決めるときに，女性も男性と同じように参加したり，リーダーになったりできるようにする。

⑥国際的な会議で決まったことに従って，世界中誰もが同じように，性に関することや子どもを産むことに関する健康と権利が守られるようにする。

前節のひとり親家庭の課題にもあるように，日本での性別役割意識が根強いことや女性の収入の格差が存在していることは否めません。上記達成目標の④に示されたように家事や子育てが重要な「仕事」であることを認め，共に子育てを支える役割を担うのは，社会で活躍する保護者を支え，励まし，子どもの成長を共に見守る保育所やこども園等の保育関連制度であり，保育士に求められている役割といえます。

制度では，男性の育休取得率を上げるため，職場の理解を進めたり，取得を推進する企業への助成をしたり，テレワーク等のICTを利用した働き方を普及すること等が進められています。保育施設では，子どもを預けて仕事に行くことへ「子どもにさみしい思いをさせて申し訳ない」と罪悪感を抱いている母親も少なくありません。そういった時に，しっかりと子どもを預かってくれているという安心感を持ってもらえるように質の高い保育を展開し，子どもの日々の様子を細やかに共有することで，母親の不安を緩和し，仕事に注力することができます。

送迎時に子どものことだけでなく，母親の頑張りを認める声かけをすることで子育てや家事等の「仕事」を評価されることに繋がります。そうした小さな日々のやり取りの中でも目標達成のためにできることがたくさん詰まっています。また，父親の子育て参加を促すような行事や子育てについての講演や研修などを実施して，母親だけの役割ではないと子育ての意識を根付かせていくことが必要となります。また，このような「男性は仕事，女性は子育てをし家庭を守る」といった固定観念やそれが「普通」とされてきた状況は，社会の慣習や通念，何気ない日常の中に散りばめられており，それを子どもの頃から自然に学んで，大人になって子どもへ引き継がれてきたことに目を向けていく必要があります。

例えば，絵本をとってみると女の子の登場人物は家事をお手伝いしており，男の子のキャラクターは競争や仕事を意識した内容になっていることがあります。教室内の役割やお手伝いの中でも，男の子は椅子を運んで，女の子は片づけをする等の役割分担になることもよくあります。大切な幼少期に影響を与える専門職は，ジェンダーの平等を意識して子どもへの声掛けや支援内容に取り組んだり，子どもの目に触れる絵本等の環境から偏った意識が植え付けられてしまうことを取り除いたりして，次世代を担う子どもたちへジェンダーに対する平等な意識や感性をつないでいくことが大切になっていきます。

またジェンダーの課題に関しては，さらに偏見や差別に苦しんでいる人々がいることを見過ごしてはいけません。日本では「男性／女性」という捉え方が多く，性的指向やジェンダーアイデンティティ（性自認）の多様性についての理解はそれほど進んでいないのが現状です。

2）4つの要素

セクシャリティは4つの要素からなる性の在り方です。

身体的性（からだの性）　生まれた時の身体的特徴に基づいて判断される性
性自認（こころの性）　自分が認識している性
性表現（ふるまう性）　服装や言動など社会的な性
性的指向（好きになる性）　異性が好き・同性が好きなどの好きになる対象の性

身体的性（からだの性）と性自認（こころの性）の組み合わせで決まるセクシャリティは，以下のとおりです。

シスジェンダー（Cisgender）身体的性と性自認が同じ
トランスジェンダー（Transgender）身体的性と性自認が異なる
X ジェンダー（X-gender）性自認がどちらでもない

コメント

性同一性障害（GID）はトランスジェンダーと同じような状態を示す医学用語ですが，少しニュアンス等異なることや「障害」とすることが適切かという議論があるため使われなくなってきており『性別違和』や『性別不合』と表現されることが多くなっています。

性自認（こころの性）と性的指向（好きになる性）の組み合わせで決まるセクシュアリティは，以下のとおりです。

ヘテロセクシャル（heterosexual）異性愛者
レズビアン（Lesbian）性自認が女性の同性愛者
ゲイ（Gay）性自認が男性の同性愛者
バイセクシャル（Bisexual）性的指向が男性・女性両方
パンセクシャル（Pansexual）性的指向が男女に限らない
アセクシャル（Asexual）他者に対して性的な魅力を感じない，性的欲求を抱かない
アロマンティック（Aromantic）他者に対して恋愛感情を抱かない

身体的性・性自認・性表現が一致しており，性的指向が異性という人が多くを占めており，「セクシャルマジョリティ」と呼ばれます。それに対して，4つの要素のいずれかが異なる人がおり，少数であるため「セクシャルマイノリティ」と呼ばれます。

セクシャルマイノリティを示す言葉として使われる言葉に「LGBT」があります。LGBTとは，「L：レズビアン（Lesbian）」「G：ゲイ（Gay）」「B：バイセクシャル（Bisexual）」「T：トランスジェンダー（Transgender）」の頭文字を取ったものです。その他にも，「LGBTQ」「LGBTQIA＋」「LGBTs」「SOGI」等，特定の状況に当てはまらない多様性を持っているため表記なども多岐にわたりますが，セクシャルマイノリティの総称としてLGBTと表記していることが多いです。

コメント

「Q：クエスチョニング（Questioning）またはクィア（Queer）」：自分の性別がわからない・意図的に決めていない・決まっていない人。
「I：インターセックス」：一般的に定められた「男性」「女性」どちらとも断言できない身体的構造を持つ人。
「SOGI：ソジ」：性的指向（Sexual Orientation）と性自認（Gender Identity）の頭文字を組み合わせた呼び方

電通グループ（2023）「LGBTQ+調査2023」によると，日本のLGBTQ+の割合は9.7％というデータが出ています。言い出せない人や無自覚の人も存在するため，実際にはもう少し多いと考えてもよいのではないでしょうか。そして，多くの当事者が周囲の無理解や差別・いじめ，就職等の社会的困難を感じています。存在を否定される等周囲の無理解からうつ病等病気になる人や，最悪の場合自死に至るケースも少なくありません。こうした現状を解決するため，差別・偏見をなくす，人権侵害への対応，性的指向や性自認に関する正しい理解を促進する取り組みがされてきました。

性同一性障害者の性別の取り扱いの特例に関する法律（2003年）は，戸籍上の性別変更を認める点では前進したといえるのですが，性別適合手術をすることが前提となっており，身体的性「男性／女性」が強く意識され，生殖腺機能を欠く状態でなければ認められないという人権侵害にも当たりかねない内容です。

他に，婚姻関係に近い関係性を示すことができる同性パートナーシップ制度を導入している自治体も増えていますが，全国で認められるまでには至っていません。そして，「性的指向及びジェンダーアイデンティティの多様性に関する国民の理解の増進に関する法律」が2023（令和5）年に制定され，国民の理解を促進し，多様性に寛容な社会の実現を目指していくことが示されました。しかし，その制定に至るまでにも「差別」という言葉を法律の名称に入れるか否かの議論がされるなど，それぞれの立場や見解の違いに折り合いをつけることが難しい様子が見られました。

障害者の中にもLGBT当事者がいること，社会的養護の中にもLGBT当事者がいること等，どれだけの人が認知しているのでしょうか。マイノリティの中のマイノリティの生きづらさにまで目を向けていくには，まだまだ課題が山積しているといえます。

先にも述べたように，偏見や固定観念を払拭していくためには，次世代を担う子どもの意識や「普通」を変容させていくことが重要です。理解されずに苦しんでいる人々が存在していることに目を向け，多様性に溢れた社会を受容する心を育んでいくためには，まず正しい知識と多様な在り様を受容していく意識を築いていく必要があります。

生活支援場面の中に潜む「男らしさ／女らしさ」を植え付けてしまうような要素を取り除き，多様さも個性として認められる環境づくりをしていくことが求められています。インクルーシブと聞くと障害児・者に意識が向きがちですが，性の多様性を持った人々も取り残されずに尊重され，自分らしく生きていける社会を作っていくことが大切です。

6　発達障害

(1) 発達指標・発達障害

発達指標，発達理論の代表的なものには次の３つがあります。

1）発達のマイルストーン

発達は，粗大運動や微細運動，言葉，および人義（じんぎ），そして社会的・情緒的成長など，各分野に特異的な発達の到達平均年齢とその正常範囲が研究により特定されています。

2）遊びの発達（ピアジェ：発達理論）

「発達論」「遊びの理解」に基づき，遊びの発達段階を４つに分けた考え方です。

ピアジェは，人が外界のものを認知する枠組みを「シェマ」と名づけ，それを学ぶ過程を「同化」「調節」「均衡化」の３つのステップに分けて考えました。

①シェマの獲得

子どもに５つの熊のぬいぐるみを見せて，それを「パンダ」と教えます。それぞれ個体は異なるものの，子どもは「パンダ」といわれるものの共通点を見つけていきます。これが「シェマ」の形成と呼ばれることです。

②同　化

パンダを学習後，大人が犬のぬいぐるみを見せたときに，子どもは以前の経験からそれを「パンダ」だというとします。このように持っているシェマ（これまでの学習知）を他のものに当てはめようとする行為が「同化」といいます。

③調　節

後ほど，子どもは大人から「これは犬だよ」と教えてもらいます。すると，子どもは新しい「犬」というものを認識し，パンダのシェマと区別するようになっていきます。そのようにして，すでに獲得したシェマに変化を加えることを「調節」といいます。

④均衡化

均衡化とは，同化と調節のバランスを取りながらシェマを獲得していく過程です。均衡化を繰り返すことで，子どもはより正しいシェマを形成していくといわれます。

このようにピアジェは，発達段階を４つに分けて考えました。

3）発達課題（エリクソン）

発達課題を達成しても，しなくても，人は心理的発達とともにすべての発達段階を通過していくという考え方です。

エリクソン（Erikson）の「心理社会的発達理論」は，人の各発達段階には「発達課題」と「危機」があり，人は必ずしも発達課題を達成しなくともすべての発達段階を通過する，という考えに基づいています。つまり，発達課題を完全に達成することはなく，否定的な部分を抱えながらそれを克服して，肯定的な部分を身に着けていくとしています。それではここから，具体的に発達段階に照らして解説していきます。

①乳児期

この時期には「基本的信頼」と「不信」を獲得します。誕生から２歳ころまでの時期をさします。乳児にとってこの世界は，自分を養ってくれて頼ることができ，信頼に値するものであるという感覚を得ます。かかわりの中心は母親的人物で，乳児のあるがままを受け入れてくれる存在です。

②幼児期

幼児期は，２歳ころから４歳ころまでをさします。この時期には「自立性」と「恥・疑惑」を獲得します。自立性とは，自分でできるという感覚，自分でできる効力感を身に着けることを意味します。このころ，第一次反抗期により「自分でやる」という意識が幼児に芽生えてきます。かかわりの中心は，親的人物へと広がります。

③遊戯期

5歳から7歳ころまでをさします。この時期には「積極性」と「罪悪感」を獲得していきます。他者に対して自分を主張していく積極性を身に着けます。一方，自分の主張をすると叱られるのではないかという，罪悪感も身に着けていきます。このころのかかわりの中心は親だけにとどまらず，家族など2者関係から3者関係へと広がります。また，自分の未来像を親に求め始める時期ともいわれています。

④学童期

学童期は小学生の時期をさします。「勤勉」と「劣等感」を獲得していく時期です。学童期では，学校生活で知識や技能を習得して物事を達成する喜び，周囲の承認を得て自己の有能感や自尊心が芽生え，勤勉性を獲得していきます。このころのかかわりの中心は学校，仲間（友達）集団となっていきます。

⑤青年期

中学生から大学生までの時期をさします。この時期には「同一性の確立」と「同一性の拡散」を獲得していきます。第二次性徴がおとずれて，子どもから大人へと成長していく時期です。社会的役割の獲得が迫られることから「第二の誕生」とも表現されます。「自分は何者か？」「自分らしさとは？」と自分に対して問うことが増えます。また，「自分は自分である」と，同一性の確立も獲得していきます。この時期は「モラトリアム」ともいわれ，社会的責任や義務が免除される期間でもあります。

このように，エリクソンは人の発達段階とそれに応じた発達課題を明らかにしました。

(2) 発達障害とは

子どもたちはみな異なった個性を持ち，好きなもの・嫌いなもの，得意なこ

図表３－８　発達障害の特徴

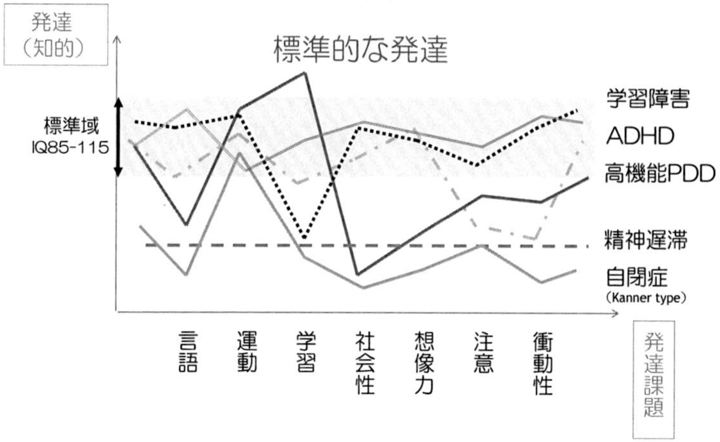

出所：筆者作成。

と・不得意なことはさまざまです。そのような中，発達障害とは「社会生活を営む上で『困難』を抱える子ども（人）たち」のことをいいます。

また，発達障害には①精神遅滞（知的障害：MR），②広汎性発達障害（PDD/ASD），③注意欠如 / 多動性障害（AD/HD），④学習障害（LD）が含まれます。それぞれの発達障害の特徴を IQ と発達課題を用いて表したものが，図表３－８「発達障害の特徴」です。

各発達の障害には，特徴的な症状があります。発達課題から見て，その特徴を位置付ける指標が他の課題に比べて低いことがわかります。しかし，すべての発達課題に対して低いわけではありません。高機能 PDD を見てみると，言語や社会性が低いことに比べて，学習は非常に高く，注意や衝動性も標準域に近いことがわかります。学習障害に至っては，学習以外の発達課題が標準域の中にあることがわかります。

このように，発達障害を有していても，すべての発達課題が低いわけではなく，できることとできないこと，得意なことと，不得意なことがあることがわかります。

図表３－９　発達障害の相関図

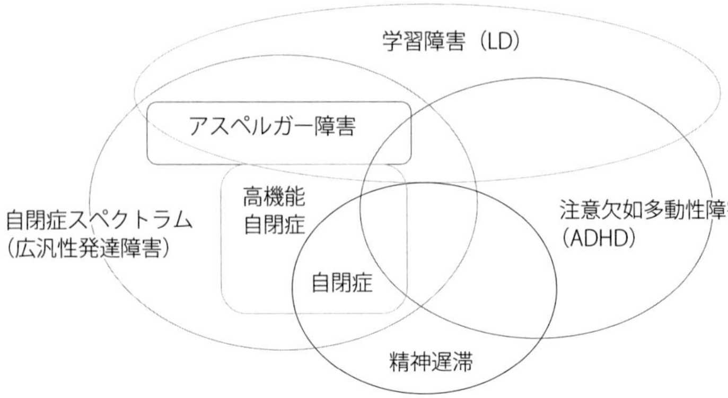

出所：筆者作成。

図表３－８の折れ線グラフが示すように，発達は凸凹しています。このことを，発達凸凹といいます。また，発達障害は特徴的な症状をあらわしますが，それぞれが複雑に絡み合っています。この複雑に絡み合っている状態を表したものが，図表３－９「発達障害の相関図」です。

障害に応じて，それぞれの特徴的な症状を表しますが他の障害領域，すなわち類似した症状を有していることがわかります。

（3）病因説の変遷

発達障害は，これまでいろいろな要因により起こると考えられてきました。その変遷をまとめると次のようになります。

はじめに，「重度の後天性の情緒障害」説です。これは，共感性に乏しく感情的に冷たい親に育てられると，子どもが心を閉ざしてしまうようになる，という考え方です。この要因への対応には，絶対的な受容を原則とする精神療法が有効である，と考えられていました。

次に挙げられるのが「認知・言語障害」説です。これは，先天性の認知障害による言語コミュニケーションの障害であり，その対応には強力な行動療法が有効であると考えられていました。そして，近年考えられているものが「発達障害」説です。これは，脳の器質的な障害による発達の問題，という考え方です。これに対応するには，認知の特徴に配慮したトレーニングを行うことが有効である，といわれています。

発達障害の症状の代表的な特徴は，想像力の障害とそれに基づく行動の障害です。興味関心の著しい偏り，こだわりや執着，そして関心の狭さが見られます。次に，感覚遊び（ごっこ遊びではない）や収集癖，カタログ的知識の収集および，道順や物の位置，そして特定の動作や儀式的行為を行うこともあります。また，一定のパターンを好み，変化を嫌います。これは先を読む，見通しを立てることが苦手なための「不安」の大きさからくるもので「固執」となってしまいます。

その他の症状として「落ち着きのなさ」や「注意の問題」が挙げられます。さらに，不器用さも目立ち，体全体，および手先，そして道具の使用に困難さが見られます。

発達障害を抱える人の中には，睡眠障害も見られることがあります。眠れない，寝すぎてしまう，またはショートスリーパーが典型的な症状です。

（4）発達障害とその特徴

ここから，アスペルガー障害（症候群，以下症候群）そして，注意欠如多動性障害（ADHD）について解説します。アスペルガー症候群は自閉症スペクトラム障害に属する概念です。知能に低下は認めないものの，主に対人関係やコミュニケーションを苦手とする特性を持ちます。アスペルガー症候群は近年広く知られるようになってきており，その症状についても少しずつ理解されるようになってきました。しかし，「コミュニケーションが苦手」「空気が読めない」という代表的な症状のみしか理解されていないことが少なくありません。

それ以外にもアスペルガー症候群に見られる症状はあります。症状を詳しく知ることは，アスペルガー症候群の子どもや大人への支援，良い付き合い方を知るために大切なことです。

アスペルガー症候群の中核症状をイギリスの精神科医であるウイング（Wing）は，「社会性の障害」「コミュニケーションの障害」「想像力の障害とそれに基づく行動の障害（こだわり行動）」があるとして「Wingの3徴候」または「3つ組の障害」として，まとめました。アスペルガー症候群には他に，「知覚過敏」「独自の認知構造と発達の道筋を持つ」「バランス感覚・手先の不器用さ」など，徴候をまとめています。

(5) アスペルガー症候群の特徴的な徴候

1）アスペルガー症候群の2つの特徴

①社会的コミュニケーションの障害

アスペルガー症候群の人は，他人に関心がないように見えます。しかし，本当は関心がないわけではなく，どのように他人とかかわったら良いのか，その方法がわからないのが実情です。幼児期には一人遊びが多く見られますが，他人とのかかわり体験を重ねることで，集団行動も可能になっていきます。また，年齢相応の言葉使いが苦手です。

一般的に，常識とされていることについての理解が乏しいこともあるため，思ったことを正直に言葉にしてしまう傾向があります。このことから，対人関係に困難をもたらすことがあります。

②興味関心の偏り

興味や関心の偏りが勉強（学問）に向かえば，驚くべき成果を上げることもあります。記憶力がすぐれており，電車やバスの時刻表や路線図を詳細に記憶していることがあります。アスペルガー症候群の人にとっては，とても興味深いことですから他人とこれらの情報を共有しようとします。話題を変えることを嫌がることもあるため，友達関係で「話が長い」「話が合わない，一方的でつまらない」といった評価を受けることもあります。

（6）注意欠如多動性（障害）ADHD の特徴的な徴候

ADHD とは，正確には注意欠如と多動（AD/HD）の２つの症状を一つにまとめた表現です。

この ADHD の代表的な症状は多動，衝動性，不注意です。ADHD の原因はさまざまな学説が存在しますが，いまだ不明な点が多くあります。そのような状況の中，明らかとなってきたことは，脳の前頭葉の働きが弱いらしいことです。脳内の神経伝達物質であるドパミンやノルアドレナリンなどの受け渡しが上手く行われていないらしい，ということです。したがって，親の不適切なしつけや教師の指導が原因で ADHD になることはありません。ただし，環境によっては ADHD に似た症状が出たり問題行動が悪化したりします。特に，虐待などの環境下に置かれた子どもは，発達障害に似た症状を表すようになります。

援助者を目指す人が知っておかなければならないことは，子ども虐待により多動や不注意などの症状が出ることがある，ということです。それではここから，ADHD の基本症状を見ていきます。

1）ADHD の基本症状

①不注意

一つのことを行うのに集中を持続することが困難であったり，すぐに気がそれてしまったり注意散漫な状態になります。

②多動性

一定の時間じっとしていることができずに，立ち歩いたり走ったりします。学校での授業中，席に座っていられないこともこのことが原因です。

③衝動性

順番を待つことができない。質問されて，その質問が終わる前に途中で答えてしまうことがあります。

上記の3つが代表的な症状ですが，ADHDには3つのタイプがあります。

2）ADHDの3つのタイプ

①多動・衝動性優勢型

低年齢で多動，衝動性が認められるもので，就学後には不注意も目立ちはじめます。そして，次第に混合型（後述）に近づくと考えられています。

多動は就学前から目立ち，就学後の離席があったり，じっとしていられなかったりすることがあります。この多動については，小学高学年から中学へ進級するころまでには減少していく傾向にあります。

②不注意優勢型

多動ではないために，ADHDとはみなされていないこともあります。極端に注意の集中が難しいために忘れやすく，かなりの時間を空想に費やしているように見えます。

自身の問題に気が付いていますが，どのように対処したらよいのかわからないため，自己評価が低下してしまい不安や抑うつ感を持ちやすい傾向があります。

③混合型

不注意・多動・衝動性が見られる，もっとも多いとされる類型です。

注意の集中が苦手で，気持ちの切り替えもうまくありません。すぐに怒るのも特徴の一つです。成長するにつれて成績の低下や仲間関係の挫折が重なり，自己肯定感が低下してしまいます。

(7) 広汎性発達障害に見られる社会性の障害

1）広汎性発達障害の4つのタイプ

広汎性発達障害は以下の4つのタイプに分類されます。

①孤立型

他人が見えていないかのような行動をするタイプで，呼ばれても，返事をすることはなく，すれ違っても反応することは少ないです。

人に対しての関心がなく，同情することも少ないため，対人関係で困難を抱えることがあります。

②受動型

他人に自分からかかわっていくことはしませんが，他人からの接触を嫌がることは少ない傾向にあります。

言われたことには何にでも従ってしまう傾向もあります。一見すると，もっとも問題行動の少ないタイプです。しかし，嫌なことも受け入れてしまうため，負担がかかりパニックを起こしてしまうことがあります。

③積極・奇異型

他人に積極的にかかわろうとしますが，自分本位で一方的な場合が多く見られます。自分の好きな話を一方的に話し続けたり，同じ話を何度も繰り返したりします。

④形式こだわり型

とても礼儀正しく，親に対しても堅苦しく振舞うこともあります。自分の知っている人付き合いのルールを守ろうとするこだわりがあります。また，状況に応じた対応をすることが困難という一面もあります。

2）コミュニケーションの問題

上記以外にも，発達障害にはコミュニケーション能力の問題が目立ちます。

①冗談や皮肉の意味がわからない

言葉をそのまま受け取ってしまう。相手の気持ちを考えることができず，言ってはいけないことを言ってしまう。話し方が独特で，ですます調や抑揚のない話し方をします。言語の発達の遅れ（または失語）などの特徴があります。

②強いこだわり

食事へのこだわりに傾くと偏食になったりします。また，特定の興味を抱いたものに熱中します。

行動にもこだわりがあり，自分の好きな行動パターンや順序でないと嫌がったりパニックになったりすることがあります。

③感覚が敏感，または鈍感

苦手な音や臭いがあったり，暗いところを嫌がったりします。触られる感触や眩しい光を過度に嫌ったり，衣服（素材）の肌ざわりによって嫌がったりする場合があります。また，感覚が極端に鈍感な場合は，痛みを感じにくく怪我に気づかない場合や，味覚に鈍感で腐っているものでもたべてしまう場合があります。

④想像力の障害とそれに基づく行動の問題

興味関心の偏りから，こだわり，執着，興味の狭さが見られます。特に想像力の障害，いわゆるイマジネーションの問題は日常生活に大きな影響をもたらします。

わたしたちは日常，これまでの経験を通して物事をパターン認識して行動しています。初めて訪れる場所に出かける時，指定の時間があればその時刻に間に合わせるために何時に家を出るか，おおよその見当をつけます。

イマジネーションの問題を抱える人はこの想像ができないために，指定した場所や時刻にたどり着けないこともあります。就職試験の面接や会社訪問など，初めての場所に出かける時，何時に家を出て，どの交通機関を使って，何時に乗り換えればよいか，このような想像（予定）をたてることができないため，支障をきたしていることが多くあります。

その他，感覚遊び（ごっこ遊びではない）や収集癖，カタログ的知識の収集に没頭することもあります。また，一定のパターンを好み，変化を嫌います。先を読む，見通しを立てることが苦手です。これらのことは，発達障害を抱える人の不安の大きさからくるもので，固執となってしまうことも意味します。

(8) よく見られる発達障害の併発症

発達障害児者によくみられる症状は落ち着きのなさ，注意の問題が挙げられます。不器用さも目立ち，体全体，手先，道具の使用に困難さが見られます。睡眠障害も見られることがあり，ショートスリーパーの人もいます。そして，発達障害の併発症は，次のように多くあります。

てんかん・感情障害（鬱・躁鬱）・不安障害・チック障害・解離性障害・転換性障害・摂食障害・排泄などに関する問題です。さらに，発達性協調運動障害や選択制緘黙，そして反応性愛着障害などが挙げられます。

あまり聞きなれないと思われる障害について，ここで解説します。

1）転換性障害とは

身体的には疾患などの問題がないのに，随意運動機能や感覚機能に異常が現れる障害のことです。ここでいう随意運動とは，自分の意思によって行う運動のことで，この機能に異常が現れると，からだの姿勢を保てなくなる，立つことができなくなります。また，歩けなくなる，声が出せなくなることがあります。

2）発達性協調運動障害とは

運動障害や知的障害がないにもかかわらず，靴紐を上手く結ぶことができない，練習を重ねても自転車に乗ることができないなどの日常生活上の動作が極端に不器用なことが特徴です。

この障害は単独で現れることは少なく，周囲に理解されにくい障害です。学童期に，授業内の運動など，上手くできないことが多くみられるため，不器用，運動神経がよくないなどと，捉えられています。

3）反応性愛着障害とは

子どもが大人と適切に愛着形成をしていないため，愛着形成に障害をきたしてしまう状態のことをさします。反応性愛着障害とは，ひとつの定義に従えば「生後５歳未満までの間に，親または親に代わる保護者・監護者との間で情緒的な絆を形成するに至らなかった結果生じる」状態，としています。

この章の最後に

子ども虐待の背景には子どもの育てにくさ，とりわけ，発達障害による育てにくさが基盤となっていることがあります。養育者は「育て方が悪い」「しつけができていない」と世間から一方的な見方をされることも少なくありません。

援助者は発達の問題に気付いた場合，養育者に対して，それを「障害」として悲観するのではなく，子どもとのかかわり方に気付けた，と理解するように働きかけます。このように理解することで，対応が変わり，子育てがよい方向に変容するかもしれません。援助者には，常に多面的理解が求められます。

引用・参考文献

厚生労働省（2023）「子供の貧困の実情と求められる支援」子供の生活状況調査の分析に関する検討会，厚生労働省　https://www.8.cao.go.jp.

厚生労働省　令和３年度全国ひとり親世帯等調査

こども家庭庁「ひとり親家庭等の支援について」（令和５年）

内閣府 HP：「性的指向・ジェンダーアイデンティティ理解促進」：https://www8.cao.go.jp/rikaizoshin/index.html

公益財団法人　日本ユニセフ協会（2023）HP：https://www.unicef.or.jp/kodomo/sdgs/17goals/

内閣府男女共同参画局　令和５年版男女共同参画白書。

電通グループ「LGBTQ+ 調査 2023」（2023）https://www.group.dentsu.com/jp/news/release/pdf-cms/2023046-1019.pdf

朝日新聞（2023）「2030　SDGs で変える 2022 版」

児童相談所福祉司の業務と実態

児童相談所福祉司　伊藤美空

みなさんは，児童相談所と聞いてどんな仕事をイメージするのでしょうか。児童相談所は虐待の対応をしているイメージが強いと思いますが，虐待だけではなく，非行，不登校，発達障害，家庭内暴力など主に０～18歳の子どもに関することに対応する仕事です。

ここでは，児童相談所で実際に働いてみて，思ったことや感じたことをみなさんに伝えることができればと思います。まず，児童福祉司の仕事内容について簡単に紹介します。

児童相談所には，児童福祉司や児童心理司以外にも，弁護士，警察官，児童精神科医，保健師が常駐しており，他機関との連携をやりやすくし，さまざまな視点からケースについて考えることができるようにしています。また児童福祉司は，初期対応と地区担当に分かれています。初期対応は学校や近隣などから虐待通告があった際に動き，子どもの安心・安全が守られない場合は一時保護を行います。一時保護後は，保護者や子どもの面接や家庭訪問，関係機関の情報収集を行い，家庭引き取りにするか施設入所にするか検討します。継続的な支援が必要なケースは地区担当へ引き継がれます。地区担当は非行や家庭内暴力など虐待以外の子どもに関する相談にも対応します。施設入所の場合，施設入所から家庭引き取りに向けての家庭環境や親子関係の改善をしていきます。施設入所の場合は，子どもがすぐに家庭で生活することが適当ではないと判断しているため，年単位でかかわることがほとんどです。施設から自立する子どももいます。その場合は，自立に向けた支援を施設と児童相談所が行います。在宅の場合，在宅で安定した生活を維持できるように定期的な面接を行い，助言や指導をしていきます。必要な場合は，児童デイサービスや訪問看護などの関係機関と家庭を繋いで支援体制を整えます。関係機関と連携することは簡単なことではありません。関係機関それぞれに考えがあり，家庭になぜ支援が必要なのかを説明する必要があります。関係機関の連携は重要ですが，関係機関から対応できないと断られることは実際にあります。児童相談所によって，体制は異なりますので，一例だと思ってください。

それではさっそく，筆者が児童相談所で働き，思ったことを書いてみようと思います。筆者は児童相談所で働き始めた 1 年目から地区担当として一つの地区を任され，在宅ケースと施設ケースで 60 ケース程度持っていました。現在は，児童福祉司の人数が増加しているため，一人当たりのケース数は減っています。ケース数は減りましたが，正直仕事の忙しさはまったく変わっていないように感じています。大学で学んだ虐待や発達障害についての知識しか持っておらず，何から始めればいいかわからない状態で仕事が始まりました。職場の先輩や上司のサポートを受けながら，日々仕事をこなしていました。どの仕事にも言えることかもしれませんが，困った時には誰かにすぐに相談するべきだとこの仕事を通して改めて実感しました。ケースの担当ではあるけれども，どんな対応をしたらいいのか一人で考えて決めるのではなく，相談しながら決めていきます。一時保護開始や解除，施設入所や継続指導開始などを決定する時は，必ず上司が参加する会議で話し合いをして決定します。ただ，担当としての意見を持って会議に臨まなければいけないため，ケースの見立ては非常に重要になります。

ケースの見立てはどのようにしていくと思いますか。ケースを見立てるのに必要なのは家庭に関する情報です。筆者が 1 年目の時は，ケースの見立てをして，ケースの支援をする余裕はなかったと思います。面接ではどんなことを聴いていけばいいのかを先輩の面接方法を見て覚えたり，教えていただきながら身につけていきました。ケースを見立てるとは，集めた情報を元に，問題となる出来事（例えば，虐待や家庭内暴力）の背景を考えて，自分の推論を元に改善策を見つけていくことです。学校情報（出席状況，学校での様子，学校と保護者間のやり取りなど）や通院している病院の診療情報（診断，かかわる上で配慮すべきことなど），市役所（保護者の収入，生活保護の有無，手当の受給，女性相談の相談歴など）など家庭にかかわっている機関から子どもや保護者の情報を聴きとります。また，子どもや保護者の面接では，今の家庭の状況，子どもの成育歴，保護者の成育歴，困り感，今後の意向などを聴き取ります。自身の話を他者に話すことは抵抗感があると思います。そのため，警察の事情聴取のような緊張感の高い面接ではなく，気楽に話すことができる雰囲気作りや聴き方を工夫しています。子どもに関する対応であるため，子どもに関することだけわかればいいのではないかと思われるかもしれませんが，保護者自身の話を聴くことは重要です。保護者が自身の親からどんなかかわりをされてきたのか，保護者の価値観を知ることで，保護者が自身の子どもになぜ今のかかわりをするに至ってしまったのかを見立てるヒントになります。また，保護者にどんな助言をしていけばいいかを考えることもできます。保護者が現実的にできない助言をしても，状況が改善するわけではないため，保護者ができる方法を保護者と一緒に考えていきます。実際，保護者自身の成育歴が複雑で自身のことを話すことを拒絶されることや突然子どもを一時保護された怒りから冷静に話すことができない場合は，無理に聴くことはありません。あくまで，保護者が話しても良いと思ってもらえなければ，話を聴くことはできません。ケースの見立てができることで，家庭の支援方針を考えることができます。支援方針を立て，市役所や学校での対応のみで家庭状況の改善が見込まれる時は，対応を依頼して，児童相談所の対応を終了します。法律が改正されて児童相談所が対応する年齢は 18 歳以上になってきていますが，基本的には 18 歳です。将来的に児童相談所とのかかわりを終えても家族が安定した生活をすることができるようにと支援を検討しています。

最近，発達障害がニュースで取り扱われ，さまざまな書籍が出版され，世間に『発達障害』という言葉がよく知られるようになっていると思います。児童相談所は発達障害のある子どもや保護者とよくかかわります。虐待の影響で，子どもが発達障害のような行動をとってしまうこともあります。子育ては大変ですが，子どもや保護者に発達障害があることにより，子育てに疲弊して，子どもを育てられないと感じてしまう保護者もいます。子どもに発達障害の診断がつき，かかわり方がわかってきたことにより，育てにくさが軽減することもあります。保護者と子どもと一緒にどうしたら生活がしやすくなるか面接を定期的に行い，考えていきます。子ども自身や保護者が子どもの発達障害を受け入れることができない可能性もあるため，発達障害の特性が見られたとしても，児童精神科に診断をつけてもらうかは慎重に判断しています。自閉症スペクトラム障害はこだわりの強さがあり，物事を白か黒で判断する傾向があります。そのため，筆者自身も保護者や子どもと問題解決に向けて話し合いを繰り返し行っても，お互いの中間点を見つけることができず，問題が解決せずに平行線になってしまい，どうしたらお互いが納得できるだろうと困ってしまうことはあります。児童相談所がある程度のルールを作成して，問題解決を図ることもありますが，保護者と子どもが納得しなければ効果はありません。正直，保護者と子どもが納得するのを待ち続けるしかないこともあります。

近所の人に子どもを預けたり，相談することができていた時代から，核家族が増えたことにより，気軽に人を頼ったり相談することが難しくなり，家庭内で子育てについて悩むことが増えていると筆者は考えています。よって，保護者が子育てに限界を感じて，虐待に繋がったり，親子関係が悪化していきます。保護者自身も被虐歴があり，自身の生活を維持するだけで精一杯の人が子育てをしていることも多いです。児童福祉司は保護者と子どもの仲介役であり，両者を支援していくことが役目であると思います。すぐに問題解決ができる仕事ではなく，時間をかけて対応していくので，仕事量も多く精神的に辛い仕事ではありますが，少しでも多くの人に児童相談所の仕事に興味を持っていただけたらと思います。児童相談所の仕事を通して，自分自身のことを考えさせられる機会にもなると思います。

第4章

社会福祉の現状と課題Ⅱ（制度・法律）

この章のポイント！

日本が国として社会課題に取り組んでいくためには，どのような体制が必要なのでしょうか。全国へ周知したり，同じ対応をするためには，根拠となる考え方を示したり仕組みを作ったりする必要があります。この章では基盤となっている社会福祉の体制や制度について確認しています。

1 社会福祉の制度と体制

国の体制を示すものとして法律があります。基本理念や具体的な方針を示していたり，機関や資格等の目的や定義，条件や規定等の詳細を定めていたりしています。社会福祉領域の法律について，目的や性質を整理しておきましょう。

(1) 社会福祉領域の法制度

戦後，戦争で親を失ったり，空襲で焼け出されたりして行き場もなく街にあふれる孤児や復員兵や遺族に対する生活の保障等の喫緊の課題に対応する必要がありました。そのために整えられてきた6つの法律を総称して福祉六法と呼びます。

1）福祉六法

・児童福祉法（1947年制定）

子どもの権利に関する条約の精神に則り，子どもの適切な養育，生活保障，健全育成を保障することを目的としています。

児童の福祉を担当する公的機関の組織や，各種施設及び事業に関する基本原則を定めています。

・身体障害者福祉法（1949年制定）

身体障害者の自立と社会経済活動への参加を促進することを目的としています。

国や地方公共団体，国民の責務を定めるとともに，実施機関，更生援護（身体障害者手帳など），障害福祉サービスや障害者支援施設等への入所措置，盲導犬の貸与，社会参加の促進等について定めています。

・生活保護法（1950年制定）

生活に困窮した者に対して，最低限度の生活の保障や自立の促進を行うことを目的としています。生活保護を受給する権利はすべての国民にありますが，資産，能力，その他あらゆるものの活用を受給要件とし，親族扶養や他法の活用が優先となっています。8種類の扶助，5種類の保護施設を設置しています。

・知的障害者福祉法（精神薄弱者福祉法として1960年制定，1999年改称）

知的障害者の自立と社会経済活動への参加を推進することを目的としています。国や地方公共団体，国民の責務を定めるとともに，実施機関，更生援護，障害福祉サービスや障害者支援施設等への入所措置等について定めています。

・老人福祉法（1963年制定）

高齢者のための保健及び福祉の理念や諸施策を規定する基本法です。特別養護老人ホーム，養護老人ホーム，有料老人ホーム等の老人福祉施設を定めているほか，社会活動促進対策として老人クラブ活動事業を規定しています。2000年以降は介護保険法と密接な関連性をもって運用されています。

・母子及び父子並びに寡婦福祉法（母子及び寡婦福祉法1964年制定，2014年改称）

母子家庭等及び寡婦に対して，母子，父子自立支援員による相談や就職支援や自立に必要な指導等，福祉資金の貸与を行うことを規定しています。

公営住宅の供給，保育施設等の利用，販売業等開設時の許可等の際に特別の配慮をすることが規定されています。

コメント

寡婦：配偶者のいない女子でかつて母子家庭の母であった人

また，全分野における社会福祉サービスの定義や理念，事業を実施する機関・施設の規定などを定めた社会福祉事業法を1951年に制定し，行政指導の保護を中心とする支援の仕組みができましたが，少子高齢化など社会の変化や財源面での行き詰まりから社会福祉の基礎構造の変更を余儀なくされました。2000年に社会福祉法と改称・改正を行い，利用者が自ら選び，事業者と利用契約により福祉サービスを受ける仕組みを基本とする支援体制になりました。

・社会福祉法（2000年制定　社会福祉事業法より改正・改称）

社会福祉を目的とする事業の全分野における共通的基本事項を定め，福祉サービスの利用者の利益の保護及び地域における社会福祉（地域福祉）の推進を図るとともに，社会福祉事業の公明かつ適正な実施の確保及び社会福祉を目的とする事業の健全な発達を図り，もって社会福祉の増進に資することを目的としています。社会福祉事業の定義，福祉サービスや地域福祉の推進等の基本理念規定，福祉に関する事務所，社会福祉主事，社会福祉法人，社会福祉事業，福祉サービスの適切な利用，社会福祉事業に従事する者の確保の促進，地域福祉の促進，社会福祉連携促進法人について規定されています。

コメント

社会福祉事業には，「第一種社会福祉事業」「第二種社会福祉事業」があります。第2条において，第一種社会福祉事業は生活保護法に規定する救護施設や更生施設，児童福祉法に規定する乳児院，母子生活支援施設，児童養護施設，障害児入所施設，児童心理治療施設，児童自立支援施設などの施設が規定されています。第二種社会福祉事業は，児童福祉法に規定する助産施設，保育所，児童厚生施設，障害児通所支援事業，放課後児童健全育成事業，小規模住宅型児童養育事業などが規定されています。

第一種社会福祉事業は利用者への影響が大きいため，経営安定を通じた利用者の保護の必要性が高い事業（主として入所施設サービス）とされ，第60条において，国，地方公共団体，社会福祉法人が経営することを原則としています。

その後も，発生する少子高齢化，貧困問題，子どもや障害者の権利擁護に対応するための法律が制定されていきました。

・精神保健及び精神障害者福祉に関する法律　通称：精神保健福祉法（精神衛生法として1950年に制定，1988年精神保健法，1995年現在の法律名へ改称）

精神障害者の医療及び保護，社会復帰の促進，自立と社会経済活動への参加を促進すること，および国民の精神的健康の保持・増進に努めることを目的としています。また，精神保健福祉センター，精神保健指定医，精神科病院，医療保護入院，精神障害者保健福祉手帳等について定めています。

・発達障害者支援法（2004年制定）

自閉症カナータイプ，アスペルガー症候群，広汎性発達障害，学習障害，注意欠如多動性障害などの発達障害のある者を対象にこれらの発達障害を早期に発見し，発達支援を行うこと等を目的としています。また，国及び地方公共団体，国民の責務，学校教育における発達障害者への支援，発達障害者への就労支援，発達障害者支援センターの指定等について定めています。

・障害者基本法（1970年制定　2004年改正）

障害の有無にかかわらず，等しく基本的人権を享有するかけがえのない個人として尊重されるものであるとの理念に則り，相互に人格と個性を尊重し合いながら共生する社会を実現するため，障害者の自立及び社会参加の支援等のための施策に関し，基本原則，基本となる事項を定めること等により，障害者の自立及び社会参加の支援等のための施策を総合的かつ計画的に推進することを目的としています。

コメント

「障害者」：身体障害，知的障害，精神障害（発達障害を含む。）その他の心身の機能の障害がある者であって，障害及び社会的障壁により継続的に日常生活又は社会生活に相当な制限を受ける状態にあるもの。

「社会的障壁」：障害がある者にとって日常生活又は社会生活を営む上で障壁となるような社会における事物，制度，慣行，観念その他一切のもの。

・障害者の日常生活及び社会生活を総合的に支援するための法律，通称：障害者総合支援法（2005年制定）

障害者基本法に則り，身体障害者福祉法，知的障害者福祉法，精神保健及び精神障害者福祉に関する法律，児童福祉法と相まって，障害者・障害児が自立した日常生活または社会生活を営むことができるよう，必要な障害福祉サービスにかかる給付その他の支援を行うこと等を目的としています。自立支援給付や地域生活支援事業を定め，障害支援区分に応じた給付を行うことが示されています。

・介護保険法（1997 年制定）

加齢による心身の疾病などで要介護・要支援状態になった高齢者の自立を援助し，保健医療サービス及び福祉サービスを提供するための保険制度を整備するためのしくみである介護保険料の徴収，介護サービス給付の種類，サービス運営基準などの詳細を定めています。老人福祉法で定めている各種高齢者福祉施策等を社会保険によってまかなうための財政的なしくみが介護保険という関係になっています。

・児童虐待防止法（2000 年制定）

児童虐待が児童の人権を著しく侵害し，その心身の成長及び人格の形成に重大な影響を与えるとともに，わが国における将来の世代の育成にも懸念を及ぼすことに鑑み，児童に対する虐待の禁止，児童虐待の予防及び早期発見その他の児童虐待の防止に関する国及び地方公共団体の責務，児童虐待を受けた児童の保護及び自立の支援のための措置等を定めることにより，児童虐待の防止等に関する施策を推進し，もって児童の権利利益の擁護に資することを目的としています。

・生活困窮者自立支援法（2013 年制定）

生活困窮者自立相談支援事業の実施，生活困窮者住宅確保給付金の支給などの措置を講ずることによって，生活困窮者の自立の促進を図ることを目的としています。「生活困窮者」とは現に経済的に困窮し，最低限度の生活を維持することができなくなる恐れのある者を指します。

生活保護法に適用されない「ボーダーライン層」に対する相談，就労支援・自立支援の実施，自立支援計画の作成，生活困窮者住宅確保給付金と呼ばれる公的な住宅手当の支給等を行っています。

2）社会保障

日本国憲法第 25 条 「生存権」

第１項 すべての国民は健康で文化的な最低限度の生活を営む権利を有する。

第２項 国は，すべての生活部面について，社会福祉，社会保障及び公衆衛生の向上及び増進に努めなければならない。

日本国憲法第 25 条の第１項ですべての国民に対する「生存権」の保障を謳っています。同第２項では，その生存権を保障するために，国の責任の下「社会福祉」「社会保障」「公衆衛生」の向上に努めることを謳っています。それらを受け，生活の中で抱える問題に対する保障の定義やあり方について検討されました。そして，1950 年「社会保障制度に関する勧告（通称 50 年勧告）」が示されました。

50 年勧告の中で社会保障制度とは，「疾病，負傷，分娩，廃疾，死亡，老齢，失業，多子その他困窮の原因に対し，保険的方法又は直接公の負担において経済保障の途を講じ，生活困窮に陥った者に対しては，国家扶助によって最低限度の生活を保障するとともに，公衆衛生及び社会福祉の向上を図り，もって全ての国民が文化的社会の成員たるに値する生活を営むことができるようにすること」と定義し，社会保障の責任は国家にあることを規定しました。そして，社会保障制度は「社会保険」「公的扶助」「公衆衛生」「社会福祉」の４つの部門から成り立つものとしています。

図表４－１は，社会保障制度を一覧にまとめたものです。社会保障には，生活を安定・向上させる機能や，所得の再配分，経済を安定させる機能があります。社会保険方式と税収からの２つが財源の中心となっています。

子どもに関連する社会手当としては，「児童手当」「児童扶養手当」「特別児童扶養手当」「障害児福祉手当」等があります。

図表４－１　社会保障制度

部　門	種　類	詳　細　例
社会保険	年金保険	年金国民
		厚生年金
	医療保険	国民健康保険
		健康保険
		共済保険
		後期高齢者保健
	介護保険	
	労働保険	雇用保険
		労働災害保険
公的扶助（国家扶助・社会扶助）	生活保護	
	社会手当	児童手当
		児童扶養手当
		特別児童扶養手当
保健医療及び公衆衛生	保健事業	
	感染症対策	
	公費負担医療	
社会福祉	高齢者福祉	
	障害者福祉	
	児童福祉	

出所：厚生労働省「社会保障とは何か」をもとに筆者作成。

・児童手当（子ども手当）

子どもを養育している家庭に対して行政機関が金銭として支給する制度です。支給対象は中学生卒業までとなっています。年齢や子どもの人数などによって支給額に多少の違いがあります。支給時期は６月・10月・２月の３期となっています。支給対象のルールについては，①原則として子どもが日本国内に住んでいる（留学などで海外に住んでいる場合は一定要件を満たせば支給される）。②父母が離婚協議中などで別居の場合は，子どもと一緒に住んでいる人に支給される。③父母が海外に住んでいる場合，日本国内で養育しているものを指定するとその人に支給される。④未成年後見人の場合はその人に支給される。⑤子どもが児童福祉施設や里親委託されている場合は施設や里親に支給されるとなっています。

・児童扶養手当

ひとり親家庭などに対して行政機関より支給されます。支給は，要件のいずれかに該当する子どもに対して行われます。支給要件としては，①父母の離婚，②父または母の死亡，③父または母が一定程度の障害の状態，④父または母の生死不明，⑤父または母から一年以上遺棄されている場合，⑥父または母が裁判所からのDV保護命令を受けた場合，⑦父または母が一年以上拘禁されている場合，⑧婚姻によらないで生まれた場合，⑨棄児などで父母がいるかいないか明らかでない場合となっています。手当額は，監護・養育する子どもの数や受給資格者の所得などによって決められています。

・特別児童扶養手当

精神または身体に障害があり，20歳未満の児童を監護・養育している父母に対して支給されます。ただし，児童福祉施設（保育所，母子生活支援施設は除く）に入所している場合や所得制限に該当する場合は支給されないこともあります。

・障害児福祉手当

重度障害児に対して支給されます。精神または身体に重度の障害を有し，常時介護を要する状態の20歳未満のものが対象となっています。ただし，所得限度額を超える場合や受給者の配偶者・扶養義務者の所得が限度額以上の場合は支給されません。

社会保険や社会手当でも経済的な問題が解決できなくなった場合，日本国憲法第25条第１項にある「健康で文化的な最低限度の生活」を保障するための最後の砦となっているのが生活保護制度です。

・生活保護制度

生活保護の原理は「国家責任の原理」「無差別平等の原理」「最低生活保障の原理」「補足性の原理」から成っています。

生活保護の原則は，「申請保護の原則」「基準及び適度の原則」「必要即応の原則」「世帯単位の原則」としています。

保障される内容については「生活扶助」「教育扶助」「住宅扶助」「医療扶助」「介護扶助」「出産扶助」「生業扶助」「葬祭扶助」の８種類の扶養となっています。第３章の１節（4）でも詳しく述べましたが，図表４－２に一覧としてまとめます。

図表４－２　生活保護８つの扶養

８つの扶養	内　容
生活扶助	生活するのに必要な費用をまかなう
教育扶助	義務教育を受けるために必要な費用をまかなう
住宅扶助	アパートなど借りるための家賃ほか，住居の補修をするために必要な費用をまかなう
医療扶助	けがや病気のときに受診するための費用をまかなう
介護扶助	介護が必要な人が施設・居宅介護を受けたり，福祉用具を用意したり，住宅改修をしたりする費用をまかなう
出産扶助	出産に必要な費用をまかなう
生業扶助	仕事に就くのに必要な技能の習得や，道具などを用意するのに必要な費用，就職の際の支度費をまかなう
葬祭扶助	被保護者が亡くなったときのお葬式に必要な費用をまかなう

出所：厚生労働省「生活保護制度」https://www.mhlw.go.jp/stf/seisakunitsuite/bunya/hukushi_kaigo/seikatsuhogo/seikatuhogo/index.html より筆者作成。

(2) 子どもの養育にかかわるしくみ

1）親　権

民法820条の中で，親権とは「親が未成年の子どもを育て（監護），教育し，財産を管理すること。親が子どもの利益のためにしなければならないこと（義務)」としています。親権は通常，実父母が親権者（夫婦親権共同行為の原則）となりますが，離婚や子どもが非嫡出子（結婚していない男女の間に生まれた子）の場合は父母のどちらか一方が親権者となります。また，子どもには必ず親権を持つ大人の存在が必要とされており，保護者がいない子どもには，親権者と同じ権利義務がある未成年後見人が家庭裁判所によって選任されます。親権の内容としては，大きく分けて「身上監護権」「財産管理権」の２つがあります。

身上監護権の中に「懲戒権」「居住指定権」「職業許可権」があり，財産管理権の中には，「財産管理権」「代表権」「同意権」があります。

2011年の民法改正により，第834条の２に「父又は母による親権の行使が困難又は不適当であることにより子の利益を害する時」に２年以内の期間を定めて親権停止を行うことができるしくみが加わりました。親権喪失や一時停止の事由についても「親権を濫用し，又は著しく不行跡であるとき」から「父又は母による虐待又は悪意の遺棄があるときその他父又は母による親権の行使が著しく困難又は不適当であることによりこの利益を著しく害する時」に変更となり，子ども虐待による親権の乱用を防ぐための改正内容となりました。

親権喪失や一時停止の決定は，家庭裁判所が児童本人，検察官，親族，児童相談所所長の申し立てによって判断します。

2）児童福祉法の理念

子どもの福祉の基本となるのは児童福祉法です。2016年に改正された児童福祉法の総則には「全ての児童は，児童の権利に関する条約の精神にのっとり，適切に養育されること，その生活を保障されること，愛され，保護されること，その心身の健やかな成長及び発達並びにその自立が図られることその他の福祉を等しく保障される権利を有する」「その意見が尊重され，その最善の利益が優先して考慮されるよう」努めなければならないとしています。そして，子どもの養育は，保護者が第一義的責任を負い，国及び地方公共団体は保護者とともに養育の責任を負い，保護者も支援することを定めています。また，家庭養育優先の原則（叶わない場合には，家庭における養育環境と同様の環境を保障）や養育の継続性を担保することも謳っています。

児童福祉法の中で，この法律の対象として定義されているのは以下の通りです。

・児　　　童：満 18 歳に満たない者
・乳　　　児：満１歳に満たない者
・幼　　　児：満１歳から小学校就学の始期に達するまでの者
・少　　　年：小学校就学の始期から満 18 歳に達するまでの者
・障　害　児：身体に障害のある児童，知的障害のある児童，精神に障害のある児童（発達障害児を含む），又は治療方法が確立していない疾病その他の特殊の疾病であって政令で定めるものによる障害の程度が厚生労働大臣が定める程度である児童（難病児）
・妊　産　婦：妊娠中又は出産１年以内の女子
・保　護　者：親権を行う者，未成年後見人その他の者で，児童を現に監護する者
・要支援児童：保護者の養育を支援することが特に必要と認められる児童
・特定妊婦：出産後の養育について出産前において支援を必要と認められる妊婦
・要保護児童：保護者のない児童又は保護者に監護させることが不適当であると認められる児童
・里　　　親：①養育里親：省令で定める人数以下の要保護児童を養育することを希望する者（研修終了等の要件を満たす者）
②養子縁組里親：省令で定める人数以下の要保護児童を養育

することと及び養子縁組によって養親となることを希望する者（研修終了等の要件を満たす者）のうち，養子縁組里親名簿に登録されたもの

③省令で定める人数以下の要保護児童を養育することを希望する者（当該要保護児童の父母以外の親族）のうち，都道府県知事が児童を委託する者として適当と認めるもの

3）社会的養護の意義

子どもが「良好な環境で生まれ」「心身ともに健やかに育成される」ことは子どもの権利です。子どもの権利を保障するために，子育てを社会全体で支えることが求められています。現代では社会環境や家庭の変化により，課題が複雑化しています。そのような中で，子どもの養育を家庭だけで担うことが難し

図表４－３　社会的養育の体系

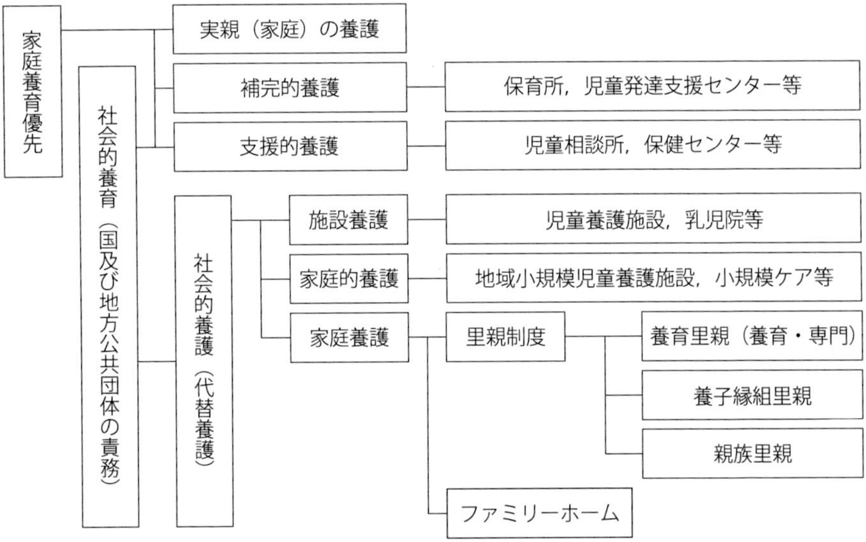

出所：大竹　智・山田利子（2022）『保育と社会的養護Ⅰ』みらい，p.92を参考に筆者作成。

くなっています。そのため，子どもが良好な環境で育つことを公的責任で行うしくみを「社会的養護」といいます。

社会的養護とは「保護者のない児童や，保護者に監護させる事が適当でない児童を，公的責任で社会的に養育し，保護するとともに，養育に大きな困難を抱える家庭への支援を行うこと」とされています。図表４－３は，家庭養育について，体系的にまとめたものです。

社会的養護の中には児童福祉法に定められた児童福祉施設において子どもの養育をする「施設養護」，施設において家庭的な養育環境を目指す小規模化の取り組みである地域小規模児童養護施設や小規模グループケア等で養育する「家庭的養護」，里親，ファミリーホーム等の家庭同様の環境の中で養育する「家庭養護」があります。

児童福祉法第６条の４において，里親制度は「養育里親」「親族里親」「養子縁組里親」の３種類に定められています。

・養育里親

養子縁組を目的としない，一定期間子どもを養育する里親のことをさします。児童相談所が委託（措置）を決定します。子どもとの戸籍上の関係は発生せず，親権を持つことはありません。短期委託から長期委託まで，子どものニーズに合わせて実施され，幼い子どもだけではなく中高生も委託されます。養育里親の中でも，特に専門的なケアを必要とする子どもを養育する，条件を満たした里親を「専門里親」といいます。

養育里親になるための条件（認定要件）は，研修を受講した者，養育里親を希望する者及びその同居人が欠格事由に該当しない者，経済的に困窮していない者とされています。

里親制度のしくみと流れについては，[児相へ里親希望 → 登録申請 → ガイダンス → 研修 → 調査 → 審査 → 認定・登録 → 引き合わせ → 委託] となっています。里親の選定（マッチング）は，発達や特性，保護者との関係性や今後の交流予定，委託期間の見通しなどを踏まえたアセスメントの上，里親側の状況とマッチングさせます。委託中の支援としては，児相や里親支援機関が定期的に訪問，児相は年１回「自立支援計画」作成をしています。

・親族里親

2002年に導入された，親が死亡，行方不明，拘禁，入院，疾患等で子どもを養育できない場合，３親等以内の親族が里親登録し，子どもを養育する制度をさします。民法上，直系血族には扶養義務が発生しますが，子どもを養育することにより生活が困窮し，養育が成り立たなくなる場合には，親族里親として一般生活費の支給を受けることができるしくみとなっています。

・養子縁組里親

養子縁組を目的とする里親をさします。実親が特別養子縁組に同意した子どもが対象となります。６か月ほど養育した後，家庭裁判所で特別養子縁組の申し立てを行うため，その間は養子縁組里親としての委託となり，特別養子縁組が成立と同時に里親としての委託は解除されます。図表４－４は，里親制度の概要を種類別にまとめたものです。

里親制度と同様に家庭養護を担うしくみとして，通称ファミリーホームと呼ばれる「小規模住居型児童養育事業」があります。第二種社会福祉事業に位置付けられており，養育者の住居において，５～６人程度の要保護児童を養育します。家庭環境においての養育であり，里親と同様の位置づけとなります。ファミリーホームの要件としては，養育里親として同時期に２人以上の要保護児童について２年以上の経験を有する者，養育里親として５年以上登録し，かつ通算して５人以上の子どもを受託した経験のある者，３年以上児童福祉事業に従事した者，１人以上の養育者が住居に生活の本拠を置く専任の養育者でなければならないとされています。

地域の中の一般家庭で24時間365日，養育者と子どもが一緒に生活し，５～６人の子ども同士の相互交流を生かしながら，生活習慣を確立し，人間性・社会性を養い，自立に向けた知識経験を得ることができます。里親では，子ど

図表４－４　里親制度の概要

	養育里親		養子縁組里親	親族里親
	養育里親	専門里親		
要件	養育里親研修を修了した者 経済的に困窮していないこと 養育里親を希望する者とその同居人が欠格事項に該当しないこと 従来の短期里親も含む	養育里親として，もしくは児童福祉事業に３年以上従事した養育経験を有し，専門里親研修を修了した者 養育に専念できるもの	養子縁組里親研修を修了している者。要保護児童について，養子縁組によって養親となることを希望する者	要保護児童の扶養義務者及びその配偶者である親族が養育する
対象	要保護児童	虐待等の行為により心身に有害な影響を受けた要保護児童，非行等の問題を有する児童，身体障害，知的障害又は精神障害がある児童	要保護児童	両親の死亡，行方不明，拘禁などによる理由で親に養育されない児童
登録更新	登録 ５年更新	登録 ２年更新	なし	なし
研修	義務	義務	必要に応じて	必要に応じて
委託人数	実子合わせて４人まで	実子合わせて４人まで 加えて委託児は２人まで	制限なし	制限なし

出所：厚生労働省子ども家庭局家庭福祉課「里親制度（資料集）」

もを取られてしまう気持ちになり実親の同意を得られにくい場合でも，比較的抵抗感が少なく同意を得やすいことが利点として挙げられます。里親と比べ子どもの委託数が多いため，養育者の力量が問われます。

その他，民法で定める養子縁組制度も子どもの養育の継続性を保障するしくみとして重要です。従来からある養子制度は，成人した人が家を継ぐ，配偶者の連れ子等さまざまな目的のために利用されてきた制度でしたが，保護を必要とする子どものための制度へ転換しつつあります。

・普通養子縁組

養子となるものが実親との戸籍上の親子関係はそのままに新しく親になる人と親子関係を作るものと定めています。子どもは実親と養親両方に扶養義務や相続権を持つことになります。

・特別養子縁組

適切な養育環境に置かれない原則15歳未満の児童に対し，別の家庭での養育を保障することが目的の養子縁組のしくみです。実親とは法的関係がなくなり親子関係が終了します。

2019年改正，翌年施行以前は原則6歳未満となっており，年齢制限を引き上げることにより，永続的な家庭養育環境を保障する機会を拡大することを進めています。

2017年に出された『新しい社会的養育ビジョン』では，『社会的養護の課題と将来像（2011年H23)』を見直し，児童福祉法第3条の2家庭養育の原則を実施できるよう改革を行う行程が示されました。その中で，里親への包括的支援体制（フォスタリング機関）の抜本的強化と里親制度改革，永続的解決（パーマネンシー保障）としての特別養子縁組の推進，乳幼児の家庭養育の徹底と，年限を明確にした取組目標等が示されました。

原則として就学前の子どもの施設への新規措置入所を停止し，代替養育の多くを里親委託が担えるよう里親育成に力を入れる。とりわけ愛着形成に重要な時期である３歳未満は５年以内，それ以降の就学前以内は７年以内に里親委託率75％以上の実現，学童期以降は概ね10年以内を目途に里親委託率50％以上を実現する取り組み目標が出されました。また，特別養子縁組の推進として，年齢要件の引き上げ等法制度改革と，概ね５年以内に現状の２倍の年間1,000人以上の特別養子縁組成立を目指すことが示されました。

さらなる家庭養育の推進のため，フォスタリング機関事業の強化，児童相談所の機能強化とともに，民間団体の創設も促しています。里親登録を増やすだけではなく，現在の課題である里親不調や未委託里親の改善，質の高い里親養育のための研修プログラムの開発や専従の里親へのスーパーバイジングソーシャルワーカーによる支援体制が求められています。

引用・参考文献

大阪ボランティア協会編集（2022）『福祉小六法2023』中央法規出版。
厚生労働省「社会保障とは何か」https://www.mhlw.go.jp/stf/newpage_21479.html
厚生労働省「社会福祉事業」https://www.mhlw.go.jp/stf/seisakunitsuite/bunya/hukushi_kaigo/seikatsuhogo/shakai-fukushi-jigyou/index.html
厚生労働省「生活保護制度」https://www.mhlw.go.jp/stf/seisakunitsuite/bunya/hukushi_kaigo/seikatsuhogo/seikatuhogo/index.html
厚生労働省（2022）「里親制度の概要」「里親制度（資料集）」https://www.mhlw.go.jp/content/000998011.pdf
厚生労働省（2017）「新しい社会的養育ビジョン」https://www.mhlw.go.jp/file/05-Shingikai-11901000-Koyoukintoujidoukateikyoku-Soumuka/0000173888.pdf
志濃原亜美編集（2022）『みらい×子どもの福祉ブックス社会福祉』みらい。
大竹　智・山田利子（2020）『保育と社会的養護Ⅰ』みらい。

第5章

社会福祉の援助と方法

1 実施機関と専門職

(1) 援助と方法

1) 援助者としての対応とポイント

社会的困難を抱える人（子ども・大人）にかかわるには，個々の特性を理解することが大切です。例えば「どうして，このような行動をするのか」「いつ，どのような時に，このような状態になるのか」「どこで，このようになるのか」「誰といると，こうなるのか」さらに「何か伝えたいのか」「どこができないのか」のように，一つひとつに対して疑問に思うことが必要です。また，普段の状態，ノーマルな状態をよく知っておくことも大切です。「いつもと違う」と気づくためには，普段の様子をよく観察し，理解しておく必要があります。

2) 構造化を考える

援助者は，困難を抱える人々，とりわけ発達障害を抱える人に対してわかりやすいシステム，工夫を考えます。その一つが「構造化」です。

構造化は「空間」「時間」「課題」「課題のやり方」を工夫します。それではここから，構造化を工夫した対応について３つ解説します。

①視覚的な補助を用いる

話しかける時に，絵をかいたり見本を見せたり，記録として残るように工夫します。学習など，取り組む順番の色分けを行う。お手本を見せる（図示）。マークなどを使用して目線が泳がないように見やすくする。聴覚処理よりも視覚処理が優位にあるため，聴覚的短期記憶の補助を行います。

②複数の情報処理が苦手，シンプルな指示

指示はシンプルに，直線的に出します。そして，スモールステップに分解して，同時に２つ以上の情報を含まないように気をつけます。また，フローチャートを作成したり，必要に応じて紙に書いたり視覚化することが有効です。

③指示は具体的に

「〇〇しない」ではなく「〇〇しよう」と具体的に，できるだけ肯定形で伝えます。とりわけ，発達に困難を抱える人は予測のつかないことや変化に弱いため，スケジュールの伝え方を工夫して，変更があればできるだけ前もって何度も知らせることが大切です。

(2) ケースワークの原則

ここから，援助者にとって重要な「ケースワークの原則」について解説します。この原則は，Ｆ・Ｐバイスティック（Biestek, F. P.）により作られたものであるため通称「バイスティックの原則」とも呼ばれています。これは，ケースワーカーがクライエントとかかわるにあたって，７つの原則を遵守しながらクライエントの抱える問題に対して，解決に導いていくことをまとめたものです。

①個別化の原則（individualization）

クライエントの抱える困難や問題は，どれだけ似たようなものであっても，その人個人に生じた問題であり「同じ問題（ケース）は存在しない」とする考え方です。この原則においてクライエントの人格や倫理観を決めつけてはいけません。また，他の似たような問題として分類してしまい，同様の解決手法を執ろうとすることを行ってはいけないことを定めた原則です。

②受容の原則（acceptance）

クライエントの考えは，その人の人生経験や思考から来るものであり，個性であるため「否定せず，どうしてそのような考え方になるかを理解しようとする，受け入れる」という考え方です。この原則によってワーカーによるクライエントへの直接的な命令や行動，感情の否定は行われません。ただし，この受容の原則を理解する際には注意が必要です。バイスティックは，クライエントを受け入れることと倫理や社会ルールに反する行為を受け入れることは別である，と述べています。あくまで，ケースワーカーが受けとめる対象は現実（事象）です。

このような意味でケースワーカーはクライエントのあるがままを受け入れることが必要であるとバイスティックは述べています。何もかもを受け入れるべきであると主張しているのではありません。

③意図的な感情表出の原則（purposeful expression of feeling）

クライエントの感情表現の自由をケースワーカーが認める考え方です。特に抑圧されやすい否定的な感情などをケースワーカーは意図的に表出してもらうようにかかわることで，クライエント自身が自らを取り巻く状況を俯瞰することができるように促します。またケースワーカーも自らの感情表現を工夫する必要があります。

④統制された情緒的関与の原則（controlled emotional involvement）

ケースワーカー自身がクライエント自身の感情に巻き込まれないようにすることを意味します。クライエントと冷静かつ正確にかかわり，問題解決に導くためにケースワーカー自身も自らの感情を統制して接していくことを求めている原則です。

⑤非審判的態度の原則（nonjudgmental attitude）

クライエントの行動や思考に対して，ケースワーカーが良し悪しの審判をしないことを定めた原則です。あくまでもケースワーカーは援助者であり，クライエント自身が自らのケースを解決できるように導く存在です。

⑥自己決定の原則（client self-determination）

自らの行動を決定するのはクライエントである，とする考え方です。問題に対する解決の主体はクライエントであり，ケースワーカーによる指示や命令を行うのではないことを定めた原則です。

⑦秘密保持の原則（confidentiality）

クライエントの個人的情報・プライバシーは決して外部にもらしてはならない，とする原則です。いわゆる「個人情報保護」の原則といえます。

COLUMN

乳児院の生活と専門職のかかわり

乳児院保育士　柴田萌加

乳児院とはどのような所かと聞かれたら，筆者はそこに入所している子どもたちの家だと答えます。保育園のように，保護者が毎日迎えに来るわけではありません。子どもたちは夜，寝ている間も乳児院で生活をしています。乳児院には基本，赤ちゃんと言われるような０歳児から３歳くらいまでの子が入所しています。入所状況にもよりますが，病院から退院してそのまま入所する場合もあり，新生児室には生後数日の赤ちゃんがいることもあります。

乳児院での仕事の特徴としては，福祉施設であるため365日24時間を交代で働いています。そのため土日や祝日，年末年始やゴールデンウィークも交代勤務で働きます。そして何より特徴的な勤務は夜勤です。毎日出勤時間はシフトによってバラバラです。それだけ聞くとマイナスイメージを抱くかもしれませんが，子どもたちにとって職員はかけがえのない人です。そして，子どもたちと深くかかわるからこそ，見ることができる姿があります。

仕事内容としては，子どもの把握や書類整理，他にも玩具や衣類整理などの間接業務などがあります。また乳児院で働くということは，子どもと生活を共にするということです。そのため一緒にご飯を食べたり，一緒にお風呂に入ったりします。さらに一緒に遊んだり，お散歩に出かけたりもします。

筆者の働いている乳児院の１日の生活を簡単に紹介したいと思います。

乳児院の朝は早いです。赤ちゃんたちは５時台から目覚める子もいます。朝起きて顔を拭き，肌状態をチェックしながら着替え，その後朝食です。朝起きてミルクを飲む子もいるので基本，朝はバタバタしています。日勤職員が出勤してくると，夜勤職員から日勤職員へ申し送りが始まります。それぞれの子どもの体調や肌状態，食事やミルクの量など丁寧に伝えます。その間は一人で多くの子どもの対応をしなければならないこともあり，子どもたちはテレビを見ながら過ごしたりしています。申し送りが終わるとおやつを食べて，午前の活動時間になります。昼食の時間まで，乳児院の中にあるテラスで遊んだり，お散歩に出かけたりします。赤ちゃんたちもベビーカーや乳母車に乗って散歩に出かけます。月齢が大きくなると，近所の公園やスーパーにお買い物に行くことも多いです。昼食後は，午睡の時間です。その間に書類整理や雑用業務，また順番に職員の休憩も午睡時間にとっています。午睡が終わると，おやつを食べて午後の活動時間です。午前と同様外に出て遊んだり，散歩に出かけたりしています。赤ちゃんたちは，この時間にお風呂に入ります。筆者の働いている乳児院では大人も一緒に入浴しています。その後夜勤職員が出勤すると，また日勤職員から夜勤職員へ引継ぎをします。それが終わると夕食です。子どもたちは夕食中，今日何をしたかなど話してくれたりします。その後，月齢が大きい子たちは入浴をし，19時半に消灯です。そこから1時間くらいの間には眠っていきます。赤ちゃんの部屋の就寝時間は，寝る前にミルクを飲む子が多いため，この時間もバタバタしています。消灯時間から逆算して，順番に授乳しながら寝かせていきます。その後，夜間も書類を片付けながら，起きてしまった子を寝かしつけしたり，赤ちゃんの授乳をしたりしています。また深夜になると，職員も交代で仮眠をとります。そのようなことをしていると，また朝を迎え1日が始まります。幼児にとっては毎日あまり代わり映えしない日々ですが，たまには遠足に行ったり，季節の行事やイベントを楽しんだりもしています。

最後に筆者が乳児院で働く上で常に意識していることを2つ紹介します。1つ目は，担当児との時間を積極的に取ることです。施設では子どもたち一人一人に担当職員が付きます。主にその子の書類整理をしたり，遠足や外出に一緒に出掛けたりします。担当児とは積極的にかかわるようにし，愛着関係を築いていきます。子どもたちも理解できるようになると，自分の中で特別な大人，大好きな大人だと認識し，「○○ちゃんの担当は○○（職員の名前）」と嬉しそうに話しています。出勤する度に担当児と過ごせる訳ではありませんが，その日の状況によっては優先して担当児が過ごしている部屋に入れることも多いです。稼働に余裕があるときなどは，積極的に担当児との 1 対 1 の二人だけの時間を作るようにしています。その中で筆者は毎日必ず出勤したら「おはよう」と挨拶しながら抱っこして，退勤するときには「またね」と挨拶しながら抱っこするようにしています。ほんの少しの時間かもしれませんが，そうやって少しでも時間を作ることで，子どもたちに気持ちが伝わるのではないかと思っています。このように工夫しながら，集団生活ではあっても，子どもたち一人一人の「自分だけを見てくれる時間」を大切にしています。

2 つ目は，子どもたちに家庭体験をたくさん提供することです。家庭体験とは，筆者たちが生活する中で経験してきたことです。例えば毎日の料理は炊事場で，調理師さんが作って部屋まで運んできてくれます。子どもたちにとってご飯は運ばれてくるもので，料理している過程は見えません。もちろん材料を買いに行く大人の姿が見られるわけでもありません。そのため乳児院では，あえて子どもと一緒に料理をする日を作っています。筆者の施設では，月に 1 回クッキングの時間を設けたり，そのための材料を一緒に買いに行ったりもします。筆者も日頃の活動時間に，近くのスーパーや薬局などへ買い物に行き，食材の調理前の姿を見せたり，お金を払う経験を促すようにしています。そして，たまにはショッピングセンターに遊びに行ったりもします。他にも食事の準備や片付けを一緒に行ったり，あえて子どもの目の前で掃除機をかけたりもします。そうやって筆者たち職員が何気なく大人だけで済ませてしまうような家事も，子どもたちに見せる機会を作っています。

ここまで簡単ですが乳児院の紹介をしてきました。このコラムの終わりに筆者から言えることは，とにかく子どもたちは可愛いです。疲れてしまう夜勤明けでも，子どもたちが癒しの笑顔をくれます。乳児期は成長スピードが速く，毎日のように「できた！」を発見できる場です。子どもたちと生活を共にするからこそ，いろんな発見があります。皆さんにもぜひ，乳児院という職場，職業に興味を持って頂けたら嬉しいです。

第6章

社会福祉現場における治療

1 心理的治療

はじめに，この節では社会福祉現場における子どもへの心理的治療について紹介します。筆者は公認心理師・臨床心理士（以下，心理士と略記）です。心理士の資格には４つの職域領域があります。

１つ目は心理検査です。対象の子どもやその子どもと関係する周辺の家族や親族，子どもと社会的な関係者を対象に心理査定（心理アセスメント：assessment）をする職域です。

２つ目は心理療法です。心理療法とは，対象の子どもや家族，関係者に対して，その子どもの成長や支援，治療回復のために，心理士が持つ心理的な技術を活用して援助を促す職域です。

３つ目には，リエゾン（liaison）的地域援助的支援があります。これは心理士が多職種を活用して連携をする機能をいいます。子どもにとり人的物理的環境が有機的に機能するために，多職種の人間同士を建設的に繋げる対等の立場で行うコンサルテーション（concertation）を通して，子どもが生活しやすくすることを目指す職域です。

４つ目には，研究があります。心理士が自らの動機づけにより，現時点で不足を補い新たな知見を発見するために自らの研究課題を決め，取り組む職域です。

心理的治療には，これらの領域がその状況により機能的に組み込まれて進められています。１つ目の心理検査と２つ目の心理療法および３つ目のリエゾンについて，その具体について事例を通して紹介します。

(1) 心理検査（心理アセスメント：assessment）

心理検査（アセスメント：assessment）には，何らかの心理検査をして，対象の子どもや家族，その他の人格，特性などの傾向性を知り，安全に心理療法や介入を試みるための，質問紙査定や聞き取り査定などの見立て，と，対象の子どもや家族，その他の，今ここで起きている現象やその後起きてくる予想事項を臨床心理学的な知識を通して読み取り判断する見立て，と2つがあります。

社会福祉の現場においては，発達障害等，器質的な障害の傾向があるかを見立てる心理検査と環境因などで情緒的混乱が起き問題行動や症状があらわれているか，を見立てる心理検査があります。その両者を，一人の対象の子どもや家族，その他にタイミングをみて順番に行う場合があります。多種類の検査がありますが，ここでは無意識の骨格をみる投映法をとりあげた事例を示します。

事例A　6歳男児　遺尿症

養護施設に子ども虐待の理由から入所しているA君は，保育園で昼間のおもらしが多発して，友人からおもらしを指摘され，恥ずかしさを感じています。A君は，尿意は感じますが，トイレに行く前に漏らしてしまう傾向があります。幼稚園保母が養護施設と連絡後に医療受診をすることになります。小児科では性器や内部の器質的な問題はないと言われ，心療内科に回され，遺尿症と診断を受けます。

医師からは，遺尿症は，不安が大きいと発症しやすいことを伝えられ，まずは心理療法を受ける前に，心理検査を受けることになります。

A君に，担当心理士はいいます。「今度A君が来る時，インクを紙にポタンと落として，紙を閉じて開けた時に，何に見えるか，という検査をします。A君に対して安全に治療をしていくために，初めに，A君のことを深くわかりたいのです。その結果を，A君やご家族，私たち周りの支援者とみんなで理解して，A君がA君を守れるようになること，そして，周りの人がA君を守れるように皆で考えていきたいと思います」というとA君はうなずき，当日ロールシャッハテスト（Rorschach test, Rorschach inkblot test）を実施しました。

所見には，A君は，知的生産性は標準であるが，認知と思考に軽度の歪みが生じていることや対人不安があり，些細な刺激で情緒的に混乱しやすく，抑うつ的になり希死念慮を抱きやすい，と記載されていました。A君は病院で心理療法を受けることになりました。

A 君の担当養護施設職員は，A 君が家庭内で父母の暴力を目撃するという心理的虐待を受けた児童記録を思い返します。一対一になった際，A 君に「A 君は大事な子であること，不安をつかまえるトレーニングをしよう」と持ちかけました。困ったなあ，とか怖いなあ，と思ったら，我慢をしないで，担当の B さんに伝えてほしいことや，そのサインとして，胸に B さんオリジナルヘルプバッチを付けてほしい，と伝えてバッチを渡しました。A 君は，不安になった際に，ヘルプバッチをつけると，B さんだけでなく，B さん以外の養護施設職員も A 君に声をかけてくれるので，A 君は自分の不安を聞いてもらえる機会が増えました。また，その際に養護施設職員さんは，すっきりしたねと，トイレでの排尿を促しました。A 君は徐々に自分の不安をつかまえて，その対処行動を学んでいきました。養護施設職員がそばにいない時は，日記に書くこと，飴をたべること，友達で話せる子には，怖いよね，どうなるか心配だなあ，と言う等です。

A 君は，トイレに行くのに，ぎりぎりまで我慢をしないで，早めに行くようにすると，自然と遺尿症も回復してきました。

コメント

遺尿症には，虐待的養育など情緒的な問題から発現されるものと，発達障害が絡んではじまるものがあります。偏りすぎず，両方の視点から見ていく見立てが必要になります。

(2) 心理療法

心理療法は，一般的には支援を必要とする子ども本人や家族など周りの関係者が困っている際に臨床心理学的な方法で成長や回復を促すことをいいます。心理士として養成される過程で，心理士本人が相性のいい心理療法を選び取り実践しているため，必ずしもすべての心理療法に精通している人はいません。力動的心理療法，行動療法，統合的心理療法，人間性心理療法，等に分類されます。

統合的心理療法について紹介します。統合的心理療法は，今ある心理療法の良いところ取りをする療法と言われています。筆者は，統合的心理療法において，解離に焦点をあてた心理療法を行っています。またトラウマ処理と結びつけた犬による動物介在療法を実践しています。

トラウマ処理とは，PTSD 症状（Post traumatic stress disorder）や解離症状への介入技法です。介入技法の内，EMDR（eye-movement-desensitization and reprocessing）眼球運動における脱感作と再処理，というトラウマ処理技法を活用しています。

ざっくりと解離症状について説明をします。

対象の子どもは，心的外傷等の影響から，自分の身体の感覚や感情，記憶，考えなどを切り離し，一時的に脳の機能や生命の危機をしのぎます。しかし，日常生活でさまざまな解離症状が起きて，自分自身を守れない状況になります。

解離症状のアセスメントとして，子ども解離評価表（child dissociation check-list）があります。評価表は，３つの症状にわかれ，記憶の障害としては，不快な記憶の忘却，書字や描画をした記憶の忘却，自己史の部分的記憶の忘却，食事や入浴，宿題などの思考と実行の差の不明瞭感，他者からある場所にいたことを指摘されるが，自らの記憶がない生活記憶の忘却等，解離性遁走，があります。

自己感覚の障害としては，幽霊の声が聞こえたり見えたりする解離性の幻覚幻聴，鏡に映った自分の姿に違和感がある，鏡映像の違和感，人形やぬいぐるみが話しかけてくる人形の擬人化，自分が体の外側にいて自分を見ている幽体離脱体験や離人感，させられ作為体験，身体所属感覚の希薄などがあります。

自己コントロールの障害としては，自他への暴力暴言，盗み，性的タッチなど衝動コントロールの不全，技能の変動，経験からの学習困難，部分人格の交代現象（スイッチング），自己内部の別人格の存在，等があり，日常生活に大きく支障がない通常解離症状から日常生活に支障がある病的解離症状まであります。特に自己感覚の障害については，本人から聞き取らないと言わないものが存在し，何らかの不安や混乱を子どもが訴えた際は，医療的措置の対象になります。

事例Cさん　女児（10歳）犬による動物介在療法の事例

児童養護施設入所児童です。実母と実父は幼児期に離婚しています。その後，Cさんは義父と実母との面前DV，その後，本児は義父の首つり自殺を目撃し，0歳の妹の死を知ります。現在，実母は覚せい剤所持や使用で服役中です。実父は車いす生活ですが，時々安定した面会があります。

心理療法では，犬とのかかわり方を学ぶグループプログラムをした後で，個人の初回面接に入っていきます。「不安になったらノーム（シーズー雌），シルフ（ポメラニアン雄）を見たり，触っていいからね」という心理士（以下，セラピスト）の合図にCさんはノームを優しくなでます。好きな遊びは絵を描くこと，友達は一人，家族は母が刑務所にはいっている。兄弟は一人いたけど死んだ，お父さんは生きているらしい，あとシバ犬のタケがいた，一時保護で施設に来るときに，他の家に行ったかも・・（気になるかな？）うん，とつぶやきます。Cさんは，悪夢はないけど，空耳があって何か気配がするのが怖い，とつぶやきます。

解離の心理検査においては，自傷行動，希死念慮があり，やや体を固めていました。

生育史聴取においては，赤ちゃん時代はCさんの母子手帳が存在しないため，赤ちゃんの体重に見立てたシルフを抱いてもらい，赤ちゃんのときの自らの体重を実感します。セラピストは治療的な退行[注1)]を促しながら，愛着を補充します。同席した担当施設指導員に，小さいときの印象，可愛かった時の印象を尋ね聞いて，自らを肯定していきます。幼稚園時代は，引っ越しが5回くらいあったようです。好きな遊具は滑り台，とのことで，描画しながら，記憶をつなげていきます。お迎えは，ママは自転車で来てくれた。茶色の自転車，自転車をクッションで作り，良い思い出を膨らますクッションを交互に足で踏み，トラウマ処理の前段階の資源の開発と植え付け技法をします。Ｃさんが名付けた「ニコマル自転車」の想い出とします。犬とは，最後におやつをあげて愛着を作ります。お座りの号令と共にひとさし指を犬の前に出すと，犬がお座りをします。この儀式的な行為と共に自らも深呼吸とボディーワークをして生育史聴取をしたことで，児童に起きた情緒的混乱を鎮めます。生活では甘えが増し，腕にしがみつき，寂しいとは言えずに，一緒にいて，と表現，まるまって寝ていたのが大の字に寝るようになったと担当指導員から聞きます。このころから自分の体験をゆっくり詳細に話しだします。セラピストは，本人にとりショックと思えたところを，トラウマ処理します。終了前にＣさんには，心理療法を施した過去の混乱が，生活に派生しすぎないように，グリム童話の小人の靴屋のメタファを伝えて，体の倦怠感や日常と違う違和感が来ても，小人が修復している反動だと認識して，次回教えてほしいと伝達します。この頃，実父が面会で，乳児期の写真を持参したことから，再度赤ちゃん時代を振り返り笑顔になります。おんぶで退室します。一方でＣさんから自分のことを好きではない，という発言があり，希死念慮を確認して，死なないでほしいとリミットセッティング（制限）を行います。生活では，退行を促すため，マグマグを渡し，お茶を一度だけ飲ませてもらいます。他の子にみせびらかして喜ぶＣさんの姿があったようです。

小学校時代に入ると，義父と実母の暴力目撃がありました。その後，義父がマンションで首つり自殺，洋服で首をつっていた姿に，ママがハサミで洋服を切って，お義父さんがおちて，等の詳細を語ります。暴力等の音や声を耳にしていることから，耳や足踏みを活用したトラウマ処理を実行します。Ｃさんがノームのしっぽが下がっていることに気づいたので，セラピストはＣさんの気持ちをわかってノームのしっぽが下がっている，と伝えます。亡くなった義父の良い思い出は，クレーンゲームでぬいぐるみのウサギをとってくれたことです。パピーの思い出，と名付けて，暴力はありましたが亡くなったお義父さんのお悔やみをします。Cさんは，自分は絵を描くことで気持ちが楽になるタイプと表現します。

このように本人の不快なイベントを1年ずつゆっくりとセラピストは捉えなおして，整理する試みを続けていきます。自分を見る自分を増やして，閉じこめて麻痺していた感情や身体感覚を感じて取り戻します。

現在の年齢まで振り返り，記憶をつなげた後で，個人プログラムの卒業式をします。自分の好きな遊びをして，最後に写真をとり終了します。また，その後のグループプログラムでは，未来に犬と生きる絵を描いてもらい，Cさんの未来の生活の鋳型を作り，卒業証書をもらい，皆で記念撮影をして終了します。

Cさんの生活や愛着状況における成果を次に示します。セラピー前は，友人の家族の話に呆然としていて視線が合わないようでした。セラピー後は，Cさんから自分の家族の話をところどころで状況にあわせてしている姿があり，目を見て視線も合うようになったようです。

職員にいきなりいきり立って，部分人格の交代現象のように苛立ちのスイッチングがおき，記憶が断裂した風のCさんが，イライラする等，良い意味で自然に感情を出せるようになったようです。聞き分けが良くあまり甘えないCさんだったのが，途中からマグマグを求めて，担当を特別視して，自分だけにおんぶを求めてくるようになったこと，性的に早熟でミニの服を好み，おへソは見えても気にしないCさんが，この服短いから着られない，と言っておへソを出すことがなくなったことを担当指導員から聞きました。

夜は，空耳がすると言っては，煌々と電気をつけて寝ていたのが，豆電球で寝られるようになったようです。感情の表現が乏しかったのが，擬態語やもやもやする等，葛藤や複雑な悩みを訴え，語彙が増えています。睡眠が浅くレスキューレメディ（気持ちを落ち着かせるハーブで作られたキャンディ）を飲んでも寝れなかったのが，レスキューレメディちょうだい，と養護施設職員に助けを求めて眠れているようです。朝も自分で起きてくるようです。セラピー前は担当者も，Cさんを不可解な怖さがある印象だったのが，セラピー後は，会話が増えて，Cさんの心持の見当がつくようになったということです。

コメント

犬の存在に慰められて，児童は心理士であるセラピストと一緒に，自分の歴史を振り返る勇気を得ることができます。子どもと犬とセラピストをつなぐ，同席した施設職員の存在は大きく，セラピーの成果が左右されます。そして，施設におかれた人員配置などの人的資源，医療的資源，教育的資源の量や質も，心理士が行う心理療法の成果に影響を与えています。

(3) リエゾン（liaison）地域援助的支援について

心理療法の事例を使って，心理士が行ったリエゾン地域援助的支援について紹介します。心理療法は，心理士と対象者である児童2人の関係で行う1対1スタイルから，事例のように，家族代わりの職員が同席して行うグループスタイルまで，種類があります。心理士の立場が，この施設の施設心理士であるのか，外部からの訪問心理士か，によって心理士と他職種との関係性は色合いが異なります。

最初は，外部からの非常勤の訪問心理士として施設内部の職員へのリエゾン連携として実行したことについて紹介します。

全体の治療目的と治療の構成，構造の説明や同意書，プレセッションと題して，同席する職員からの事前情報の共有，と実施者同士の本日の心理療法に臨む構えづくり，を話しました。担当の児童の新たな情報を知りえた上で心理療法を行い，心理療法の後は，施設職員へのアフターセッションと題して，立ち会った感想を共有し，また疑問や今後の対応について吟味する時間を持ちます。そして，心理士は，心理療法当日の備忘録的な記録を施設職員に提供し，同席した職員にも届けて振り返り，児童に対応するという，児童，心理士，職員，児童，という建設的な循環の機会を作ります。

アフターセッションにおいては，心理士は，心理療法や治療の成果が効果的な方向に向かうように，今回の心理療法から読み取れる子どもの見立てや，今後生活で起こり得る予想すべき子どもの行動への対処事項等，臨床心理的な立場から施設職員にコンサルテーションをします。その中での留意点としては，子どもの周囲の担当者が持つ子どもに対応することへの違和感や困惑などの心情を受け止め，適切な助言をすることが求められています。

職員は，外傷体験のある児童の行動の奔放さに辟易して，子どもの顔をみることも嫌悪するような感情的距離の困難に陥ることがよくあります。また，職員が自らの心情と，職務として求められる重責との板挟みになり苦痛を訴えることもよく経験します。

心理士が，職員の話を臨床心理学的に聞いて，無理のない対応を一緒に考えることで，がんじがらめに膠着していた子どもと職員の間に風を送り込み，建設的な方向への進展が自然に行われることになります。

また，外部の専門家とのリエゾン連携機能も留意すべきこととなります。児童養護施設には医療的資源が少なく，精神科等の受診には，児童相談センター経由で，児童相談センター嘱託医を通して，紹介状を治療可能な医療機関の地域連携室につなげて，初めて医療受診の予約がとれるという，手続きが必要です。これにはかなりの時間を要します。

心理士として，自らの公的私的な連携資源を活用し，診察が可とされたとしても，正式な紹介状を記載して，手続きに乗っ取り，児童の受診につなげるために労を惜しまずに行います。

医療的資源は，薬物療法などの投薬を通して，子ども自らの精神状態が正の方向に安定的に近づくだけではなく，生活において，児童が成功体験を積み重ねることが可能となり，また，周囲の職員らの情緒的消耗感，個人的達成感の低下，脱人格化等，燃え尽き症候群（Burnout）の予防になります。社会的養護に暮らす子どもの8割は虐待を受けているという統計結果（厚生労働省，2022）からは，適切な少量の薬物療法が効果を挙げるようです（杉山，2019）。社会的養護にかかわる心理士は，医療機関，教育相談機関，地域と連携（リエゾン：liaison）していくことが求められています。また，児童心理治療施設同様に，児童養護施設にも週１回の精神科医の巡回相談が，法的制度的に可能となり，タイミングよく診察や薬物投与の機会が試されることを切に希望します。

もう一つ，内部にいる心理士が留意するべき視点を紹介します。

日常的に施設職員にかかわり心理的距離が近い立場であれば，日常的な職員の情報が入りやすく，児童についての周辺情報も，簡単に入手できるでしょう。半面，時に寝起き食事を共にする馴染みの家族的意識になるために，心理的距離が近くなり，相互の甘えや馴れ合い，張り合いやジェラシー等，個人が解放されていない側面が露呈することがあります。

子どもの外傷体験等への接触が引き金となり，不信の病理が発動して，職員と子ども，職員同士，職員と管理職，等が分裂する等の負の心理的関係に巻き込まれやすくなる等，が憂慮されます。

施設心理士は，職員間が不穏な関係になった際は，心理士に助けを求められるとあらかじめ伝えておくことが重要です。しかし，時に施設心理士が，渦中に巻き込まれることがあります。心理士自身が，どのように心理的距離をとるかは，心理士自身のスーパーバイザー（supervisor system）に助けを求めて，自らの拘り，しこりや歪みを解きほぐし，現場に戻るシステムが存在します。心理士はこのシステムを活用して，自らの立て直しと本来の職務を活性化しています。

以上，３つの視点から，福祉現場における心理的治療についての部分的な紹介をしました。

2 社会的治療

この節では，社会的養護の児童，特に里親家庭における子どもへの各方面の支援を社会的治療と命名し，その内容を記します。

(1) 里親養育における
トラウマインフォームド・システムズアプローチとは

トラウマインフォームド・システムズアプローチとは，米国薬物乱用精神保健管理局（Substance Abuse and Mental Health Services Administration, SAMHSA）において2014年に提唱された概念です。心的外傷（以下，トラウマ）が，個人を越えて周囲や地域社会に影響を及ぼすことを体系的に知り，トラウマへの対応システムや治療文化を創造することを目的とした概念です。1. 安全，2. 信頼性と透明性，3. ピアサポート，4. 協働と相互性，5. 有力化エンパワメント，意見表明と選択，6. 文化，歴史，ジェンダーの問題，という6つの主要原則と，1. 管理とリーダーシップ，2. 方針，3. 物理的環境，4. 取り決めと関与，5. 部門を越えた協働，6. スクリーニング，アセスメント，治療サービス，7. 研修と人材開発，8. モニタリングと質の保証の向上，9. 資金調達，10. 評価，という10の実施領域があります。

これは，トラウマを被った里子や里親家庭，その周囲の支援者や地域社会においても同様な主要原則と実施領域が存在することを指します。

(2) 里親と里子への
トラウマインフォームド・システムズアプローチの特質

この項では，上記の部分的なアプローチについて，トラウマを被った里子を受託した里親養育において，例を挙げて説明をします。

このトラウマインフォームド・システムズアプローチの概念の理解は，対象の里子のトラウマにまつわる症状から発展する，トラウマに関するさまざまな負の側面に，人と人，人と施設，組織同士を切り離す断裂が起きやすい特徴の存在を共有することから始まります。

里子を中心にして，かかわる里親，里親の周辺の親戚，友人等を含む地域社会，教育現場としての幼保育園，学校，近隣，そして，専門機関である，福祉，医療，司法等，のそれぞれの組織，個人が負の断裂に巻き込まれすぎずに，対象児童を中心とした関係者や専門家と程よく連携しつながり，援助を必要とする個人や集団を，互いに支えあう相互支援文化システムを創造するために挑戦を試みるアプローチです。

ここに挑戦を試みる，と強調する理由は，里親家庭などの関係者が繰り返し，混乱に巻き込まれ，そこここに断裂を余儀なくされる瞬間が押し寄せ，対応に困難を極める可能性があるからです。各里子，各里親家庭に，独自で臨機応変に対応できるシステムズアプローチを構築する必要があります。里子は唯一無二の存在であり，その生い立ちには，里子自身が被ったトラウマを含む独自性があります。里子が持つ器質的要素や環境的要素が絡み合う困難な症状への対応については，日常的な要素と専門的な要素において，その里子の発達過程ごとにその都度，知恵を寄せ集めあう工夫が必要となります。

また，この断裂の連鎖を食い止めるために，相互に支援文化システムが発動しないと，混乱の渦に巻き込まれすぎて個人，家族，地域社会，専門家集団が危機（クライシス状態）に陥ります。次の項では，里親，周辺の専門職が燃え尽きる要因とその予防について記します。

(3) 里子の愛着の基盤を作る里親や周囲の専門家が燃え尽きないために

同居する里親，そして専門職，組織，が巻き込まれ，負の反応に負の対応が連鎖することが少なくありません。

具体的には，里親は，里子個人とトラウマの負の要素である里子の行動を区別することが困難になります。里親研修を受けて，知識を得ていても，里子のしでかす行動に翻弄されます。家の中に一緒に住むということは，理屈を越えた家族となり，里親自身が生育史の中で，放置したトラウマや愛着の課題を負の連鎖として見せつけられることになります。里親自身も完ぺきな人間ではないのですが，子どもに対しては慈愛の心を持っています。

まさか，自分がこんな風に感じるなんて，こんなはずではなかった，と受託してから後悔する里親も少なくありません。太刀打ちできない，一筋縄ではいかない，トラウマからの影響を受けた里子の負の行動に辟易するのはよくあることです。里子個人への不信感や罪悪感，世間に対する恥の感情が湧くことがあります。また，誰がやっても里親養育は困難が際立つという戸惑いと同時に自らは不適格であり，育児書から外れた里子と自らのことを普通じゃないと認識してしまうことがあります。周囲からの建設的でない言葉かけや，実子への育児書の通りにうまくいかない里親への周囲からの期待の押しつけ等により，周囲への不信感や消耗感が際立ち，孤立無援感，かかわる支援員に対する羨望が絡み合う等が発生します。里親は，周囲の親族，友人らに理解されずに，被害妄想的，孤独になることも少なくありません。このような立場を理解して，里親里子に関与することが必要です。

一方で，トラウマを被った里子は，トラウマから回復するために，乳幼児期に得られなかった強烈な負の愛着行動をとることで，万能感を取り戻そうとします。表現される行動としては，衣食住に関して素直に応じないなど無意識の挑発行動を繰り返し，里親が自分を見放さないか試したり，自分が傷ついたトラウマの内容に類することを里親，特に里母に表現します。この里子のトラウマに対しては，愛着の負の行動をよく理解している医療，心理，福祉の専門家が治療や支援をしないと，里子，里親共に，混乱が持続することになります。里親養育は，里親家族だけでは不可能と捉えることが有効です。たくさんの公的私的の成員が里親家庭を支えてはじめて里子が支えられ，受容の中で自立していきます。

里子は時に，周囲に場当たり的にまとまりなく振る舞います。里子の立場に味方してくれる人が現れることもありますが，その時は里子の立場に立ちすぎることが危惧されます。里子は無意識に，良い人と悪い人を分けて認識するため，本来世話をして面倒を見ている慈愛ある里親をけなしたり攻撃して，傍でいいことを言う大人に懐こうとします。

里子は負の対人関係を学んだために，自分を受け入れてくれる人と無差別につながろうとして，里親とその人との間に緊張関係を作り出すことがあります。その人が，里子の話を鵜呑みにして巻き込まれた場合，必死に世話をしている里親を非難して，敵対関係になった結果，里親の認識と周囲の認識が異なり，分裂し断裂が起きることも良くあることです。結果，自らの努力や苦労を誰にも理解してもらえないと認識し孤独を深めた里親が，危機状態（クライシス状態）に陥り，燃え尽き，里親養育を断念する悪循環が生まれます。

里子を養護施設に返したり，他の里親のところに措置することになると，里子，里親共に傷つき，見放されたような感覚になり，トラウマの回復には被った以上のさらなる時間を要します。子どもは，新たな里親や養護施設職員等とのつながりを築くのに，まずは裏切られた感覚に陥り，人間への不信感を高めて信頼関係の構築に困難が生じるなど時間を要します。一方，里親は，限界やギブアップしたことで自らを責め，一時の里子から解放された感覚を持った後に，抑うつ感や空の巣症候群，喪失感で傷つく等少なくありません。

周囲の専門家である，児童相談所，里親支援専門員，医療，司法等は，子どもを定期的に里親から離すキャンプレスパイト等の行事を入れて，子育ての切迫感や混乱が軽減するように努める支援が必要です。里親への支援を充実することで，里親のバーンアウト（燃え尽き症候群）の予防が可能となります。

里親の燃え尽き症候群の各因子には，1. 情緒的消耗感，2. 感情的距離の希薄，3. 個人的達成感の低下，の3つがあります。1. の情緒的消耗感は，里子が放つ表現や身体から発するエネルギーがトラウマの後遺症としての怒りや混乱，不可解さを放っているため，里親家庭という閉塞感のある空間で，子どもの上記に該当したエネルギーと，里親のエネルギーとの循環に疲労困憊します。暴力や暴言，挑発，嘘，盗み，不可解な表現など，子どもが被ったトラウマの負の側面が子どもから飛び出します。里親は，トイレ以外は逃げ場がなく，施設職員のような複数対応，時間制限のある対応はできないため，混乱します。2. 感情的距離の希薄，というのは，消耗感を持った里親が，子どもと物理的，感情的距離をとって，自らを立て直そうと回避行動をすることから始まります。トラウマを被っていない子どもならば，親子共に安全な距離として愛着を深め，共にいる感覚が相互に損なわれます。当初，里親は，不遇な境遇の子どもに想いを馳せて，たくさんの愛情深い言葉を里子になげかけました。しかし，子どもの度を越えた天邪鬼な挑発的態度に，傷が増していきます。子どもの可愛くない面への憎しみを募らせて，幼い子どもに悪魔的要素を見出す認知の歪みが出現することも少なくありません。これは，里親が人間として傷ついた証拠です。里親が傷つくたびに悪魔的要素が増長して，巻き込まれすぎる（体罰）ことも少なくはありません。

里親は，何とか自己防衛を行い，物理的，感情的な距離をとって，里子との関係に新規まき直しを試みます。

結果，里子は健康な愛着に必要な，安定的で和やかな食事を通した愛着関係を深められず，誰とも食事を共にしない状態が繰り返されることがあります。ここで物理的な断裂が起きることに留意したいところです。

里親は，受託した当初は，不遇な境遇の子どもに対して，共感し慈愛を持って理解する努力をします。里子も素直な時期があり，この瞬間は里子と心がつながり，里親は受託して良かったと認識して共感満足的要素が活性化します。次第に里子は里親家庭に対して安全感を持ちますが，遅れての愛着行動や見捨てられないかを試す行動，挑発行動など，無意識にトラウマの負の要素が頸をもたげてきます。

里親が思いつかないびっくりするような衣食住，生活習慣にまつわる行動が繰り広げられます。この時期になると，里親の里子への共感満足は失われ，トラウマを被った里子の行動に対応する里親の中に共感疲労が蓄積し，燃え尽き症候群に近づきます。

3つめの個人的達成感の低下については，里子が被ったトラウマがあるため，里親が愛情をかけてもすぐには実を結ばず，度重なる問題に振り回され続けることで，里親の自尊心が失われ無力感に陥ることになります。

里親の周囲の支援者には，トラウマインフォームド・システムズアプローチの断裂への理解が必要です。愛情深い里親が，限界に達していきなり燃え尽きることはよくあることです。欧米では，里子が里親家庭から別の里親家庭へと漂流するドリフト（foster-parent-drift-problem）が問題となっています。

(4) トラウマと愛着への対応について

前述したように，里親家庭は，助けてほしい，と周囲に素直に伝えることが大切になります。苦痛がないふりをする，混乱していないふりをしがちなのは，思い通りの里子育てがままならず，里親の自尊心が傷ついた証拠です。傷ついた里親に対しては，理解して労わる声掛けやねぎらいが必要です。

周囲に不信感を募らせがちな里親をさらに追いつめることにならないように，労い，感謝や賞賛はどのような里親であっても必要になることを忘れないようにしたいものです。周囲の専門家の態度が，そのまま里親が里子に接する態度となります。

強烈な態度は，里子への強烈な態度となり，労い，承認，感謝の態度は，里親の里子への労い，承認，感謝の態度につながることを念頭に置きましょう。

里母は里子にとって大地です。里子の足場が作られます。時に里子は地団太踏んで，里母に当たりますが，当たりながら自分の道を踏み固めていきます。里母への労い，感謝，承認を，周囲の専門家や支援者は継続する必要があります。

里父は，社会のルールや規範であり，里子が学校等で活動する際の足がかりになります。里父との関係はダイナミックな遊びを通して培われ，一緒にスポーツ等をする中で，本人の友人や地域など第三者とつながる資質をつくっていきます。

里母や里父を支える親戚や友人とのかかわりを，里子が認識することで，自らが集団に受け入れられる基盤ができます。結果，幼稚園や小学校など集団に溶け込むことが可能となります。

また，地域社会の祭り，取り組み等の行事も，里子が置かれた文化の中で里子をはぐくみ，地域の子どもや大人とつながり，自らの居場所を確立させることになります。

里母の愛，里父の愛，親戚友人の愛，地域社会の愛，が里子の養育には必要です。ここまでは里子ではない子どもにおいても必要なものですが，里子だからこそ必要なものがあります。

それは専門家の愛です。里子はさまざまなトラウマを抱えて，里親に委託されます。通常の叱責ではない，虐待的な養育を受けている可能性も高いです（厚生労働省，2022）。虐待はなくても，十分な世話が行き届かず，一人の重要な他者にどっぷり関与してもらえなかった，愛着の傷つき体験（外傷性の絆トラウマボンド：trauma bond）には，治療が必要です（ジェームズ，2003）。

児童のトラウマの内容や外傷性の絆への医療的，心理的，福祉的な治療と支援が不可欠です。医療的には，薬物療法によって，悪循環を止める必要があります。またトラウマ処理ができる医師を見つけることで，薬物療法，精神療法がバランスよく里子に提供されることになります。心理治療については心理的治療を参照してください。心理療法によって，里子の生育史聴取やトラウマ処理，愛着の新規まき直しが可能となります。

福祉的治療については，ライフストーリーワークをどんな里子についても，機会をみて行うことで，自分の生い立ちを知り，自らの事実を受け入れる機会を得て，人生を進んでいくことができます。その中で里子から真実が告知されることで，自らの先行きについて実親のところに帰るのか，養子縁組の機会に恵まれるのか，またはひとりで自立していくのか，等の方向性を担当の福祉士らと話し合って自己選択が促されていきます。福祉士は人と人をつなぐことに留意しながらソーシャルワーク（social work）を行います。

里子一人や少人数で決めるのではなく，多数で重要な決断をすることで，トラウマや外傷性の絆が溶解して，建設的な決断が促されることをたびたび経験しています。時に司法の専門家から養子縁組制度など法律の成り立ちについて教えを受けることで，里子の知識や理解が広がったり，時と場合により裁判に参加することでトラウマを建設的に回復させる方向に向かうことがあります。

里子が抱える事例ごとに，里親を中心に多くの専門家と出会う機会が里子本人に与えられることが望まれます。

(5) 終わりに　セルフケア

里子へのトラウマインフォームド・システムズアプローチの詳細について，里親家庭を通して解説しました。これを成し遂げるには，里親や専門家，支援者は巻き込まれすぎずに，自らをセルフケアし続けることが重要になります。

自らの痛みに対して，または課題に対して，自らが助けを求める必要があります。誰も信じられなくなったときが，自らが支援を求めるタイミングとして自明のことと言われています。専門家であっても一人の弱点を持った人間として，愛着の課題がない人間はいないと欧米では言われています（ジェームズ，2003）。相性の合う他の専門家に助けを求めることや，仲間の存在，学会や研究会で発表をして，他者から努力や献身への労いをもらうことは，何より励みになり，自らが関与している事例の児童への貢献につながります。睡眠や衣食住を整え，趣味を持ち，友人や仲間と語らいあう関係性を継続することで，自分を守りながら，対象の子どもや家族，仲間に建設的に働きかけることができるでしょう。

【注】

１）心理的にトラウマを受ける前の新規まき直しを目標に，子どもが幼児化することを促すなかで，体験を上書きして愛着を補充する心理療法的な作業。

引用・参考文献

Flank W. Putnum（1997）Dissociation in children and adolescents, The Guilford Press. 中井久夫訳（2001）『解離，若年期の病理と治療』みすず書房。

杉山登志郎（2019）『発達障害の薬物療法，ASD, ADHD, 複雑性 PTSD のための少量処方』岩崎学術出版社。

海野千畝子（2023）「日本 EMDR 学会」『第 18 回大会学術大会抄録集』p.24。

海野千畝子（2022）『増補改訂版　子ども虐待への心理臨床　病的解離・愛着・EMDR・動物介在療法まで』誠信書房。

ビヴァリー・ジェームズ編，三輪田明美・高畠克子・加藤節子訳（2003）『心的外傷を受けた子どもの治療―愛着を巡って』誠信書房。

厚生労働省（2022）「子ども虐待の実態」厚生労働省 WEBSITE。

「SAMHSA のトラウマ概念とトラウマインフォームドアプローチのための手引き」米国薬・物乱用精神保健管理局，Substance Abuse and Mental Health Services Administration, SAMHSA.

海野千畝子（2021）「里子へのトラウマ・インフォームドケア・システムアプローチ」『日本子ども虐待防止学会学術集会大会プログラム・抄録集』Vol.27。

第7章

社会福祉の動向と展望

この章のポイント！

対人援助を円滑に進めていくには，対象者と向き合い，相手を知ることが大切になります。絡み合っている糸をほどくような問題を捉える視点，対話を中心とした相手との信頼関係を築くための面談等の相談援助の知識・技術が必要となります。ここでは社会福祉援助技術であるソーシャルワークを学習していきましょう。

1 相談援助

対人援助を円滑に進めていくには，対象者と向き合い，相手を知ることが大切になります。絡み合っている糸をほどくような問題を捉える視点，対話を中心とした相手との信頼関係を築くための面談等の相談援助の知識・技術が必要となります。ここでは社会福祉援助技術であるソーシャルワークを学習していきましょう。

(1) 相談援助の理論

ソーシャルワークは，医学や精神分析学，心理学，社会学などに影響を受けて発展してきました。ソーシャルワークの理論は，アメリカでCOS（慈善組織協会）の友愛訪問員をしていたリッチモンド（Mary. E. Richmond）がその活動の中から記した著書『社会診断』(1917)，『ソーシャル・ケース・ワークとは何か』(1922) によって理論化されました。その後，それぞれが依拠する考えに基づいて実践モデルやアプローチの方法が分化していきます。

実践モデルとしては，精神分析理論の影響を受けた「インテーク → 調査」→「社会診断」→「処遇」という直線的プロセスでかかわる「医学モデル」があります。医学モデルの批判と環境や社会の変革が求められ，生態学やシステム論の影響を受けた人と環境との適合バランスが着目される「生活モデル」が提唱されるようになっていきました。また，同じく実証性・科学性を重視したモダニズムに該当する医学モデルを批判して，モダニズムの行き詰まりから脱却しようとする思想運動であるポストモダニズムの影響を受けました。主観

図表７－１　ソーシャルワークのアプローチ　特徴

アプローチ	特徴	人物
診断主義アプローチ	人間の病理，欠陥に焦点を当てて，問題を診断によって特定し，原因を導き，治療する。	ハミルトン
心理社会的アプローチ	診断主義を引き継ぎ，調査・診断・処遇の過程を通して人格発達と問題解決を目指す。状況の中の人という視点から相互作用を分析する。	ホリス
機能的アプローチ	援助者の属する機関の機能を用いて，利用者の成長や変化をもたらすために援助する。	タフト，スモーリー
問題解決アプローチ	利用者が自ら問題に対処し，現実的な生活が送れるよう援助する。４つのP，６つのP。	パールマン
課題中心アプローチ	人格の変容ではなく，利用者が解決を望んでいる「課題」に集中的に焦点をあて，短期間で援助を展開し問題解決を図る。	リード
行動変容アプローチ	学習理論に基づき，観察・測定可能な行動として問題を捉え，それを維持し強化している諸条件を積極的に操作することによって問題行動を改善しようとする。	トーマス
認知アプローチ	情緒的な問題を抱えた人の認知の歪みを改善することで感情や行動を変化させ問題解決を図ろうとする。	エリス
危機介入アプローチ	偶発的な出来事によって起こる情緒的混乱状態に対して短期的な援助を通して効果的に危機状況を克服することを目的とする。	リンデマンアギュララ
エンパワメントアプローチ	社会の不平等や不正義と戦い，改革し，抑圧された個人やグループを主体として，奪われた力を取り戻していこうとする。	ソロモン
ナラティブアプローチ	人々が語る人生の物語に焦点を当てて心理的治療を行う。	ホワイト，エプストン
解決志向アプローチ	問題解決された未来像をイメージさせて，そこに近づくためにスモールステップを踏んでいく。	バーグ，シェイザー

出所：一般社団法人日本ソーシャルワーク教育学校連盟（2021）『社会福祉士養成講座・精神保健福祉士養成講座12　ソーシャルワークの理論と方法［共通科目］』中央法規出版，第７章より筆者作成。

性，実存性を重要視するポストモダニズムの影響を受け，クライアントのもつ強さや能力等に焦点を当てた「ストレングスモデル」が誕生していきます。

アプローチについては，図表７－１に各アプローチの特徴を示します。

こうした理論や方法を基にソーシャルワーカーは，クライエントの主体を尊重し，地域や家族などクライエントを取り巻く環境とのかかわりを重視し，相互作用しながら問題解決を目指していきます。複雑化する現代の問題に対して，従来の方法を統合し，適合するアプローチを場面によって応用・融合させていく，多角的で総合的な視点（ジェネラリストソーシャルワーク）で援助を行うことが求められています。

(2) 意義と機能

国際ソーシャルワーカー連盟と国際ソーシャルワーク教育学校連盟は「ソーシャルワーク専門職のグローバル定義」において，ソーシャルワークについて以下のように定義しています。

<ソーシャルワーク専門職のグローバル定義>

ソーシャルワークは，社会変革と社会開発，社会的結束，および人々のエンパワメントと解放を促進する，実践に基づいた専門職であり学問である。社会正義，人権，集団的責任，および多様性尊重の諸原理は，ソーシャルワークの中核をなす。ソーシャルワークの理論，社会科学，人文学，および地域・民族固有の知を基盤として，ソーシャルワークは，生活課題に取り組みウェルビーイングを高めるよう，人々やさまざまな構造に働きかける。

これを受けて2017年，日本ソーシャルワーカー連盟および日本社会福祉教育学校連盟は以下に示す「ソーシャルワーク専門職のグローバル定義の日本における展開」を採択しました。

<ソーシャルワーク専門職のグローバル定義の日本における展開>

・ソーシャルワークは，人々と環境とその相互作用する接点に働きかけ，日本に住むすべての人々の健康で文化的な最低限度の生活を営む権利を実現し，ウェルビーイングを増進する。
・ソーシャルワークは，差別や抑圧の歴史を認識し，多様な文化を尊重した実践を展開しながら，平和を希求する。
・ソーシャルワークは，人権を尊重し，年齢，性，障がいの有無，宗教，国籍等にかかわらず，生活課題を有する人々がつながりを実感できる社会への変革と社会的包摂の実現に向けて関連する人々や組織と協働する。
・ソーシャルワークは，すべての人々が自己決定に基づく生活を送れるよう権利を擁護し，予防的な対応を含め，必要な支援が切れ目なく利用できるシステムを構築する。

このように，ソーシャルワークが目指すことは，困難に直面している人の基本的ニーズの充足，権利侵害や不平等等の撲滅とあらゆる人が社会の構成員として存在を認められ，つながりや支えあいの中で社会参加や就労，教育等の権利を行使できるようにしていくことを目指すソーシャルインクルージョン（社会的包摂）の実現，社会政策やサービスの整備など社会機能の向上，生涯にわたる発達を支える地域環境の実現にあります。

(3) ワーカー，クライエント関係・対象と過程

相談援助を進めていく上でいくつかの大切な視点があります。

問題を解決する視点として重要なことは，問題発生の原因を一面的に捉えるのではなく，多面的に捉えることです。ソーシャルワークの母と呼ばれるリッチモンド（Mary. E. Richmond）[注1)]は著書『ソーシャル・ケース・ワークとは何か』（1991）の中で「ソーシャルワーク・ケースワークは人間と社会環境と

の間を個別に，意識的に調整することを通してパーソナリティーを発達させる諸過程から成り立っている」といっています。問題とは「環境」と「人」の間に摩擦やぶつかり合いがあるとき発生するため，その接触面に働きかけることが大切です。

クライエントを理解する視点としては，自分の経験や価値観，先入観に捉われることなく，クライエント本人が感じていることを通して，共感的に理解しようと努力し，クライエント本人の経験に向き合い，問題解決に向けて寄り添い，クライエントとともに問題解決の方法を検討し，行動することが大切です。

クライエントとの関係については，相互に信頼しあい安心して自由に振る舞ったり感情の交流を行ったりできるような信頼関係（ラポール）を築くことが大切です。クライエントの持っている潜在的な力を発見し，引き出し，強め，ともに環境の変化に向けて働きかけるパートナーであることが求められます。

相談援助は，こうした専門性を持ったワーカーが問題や課題を解決するための社会資源や制度を結びつけ，円滑に効果的に問題解決を図ることが必要です。福祉の対象となる人の中には，問題に気づいていない人，問題を我慢して耐えている人，どのような資源・制度があるか知らない人，必要な資源が不足している人等がいます。そうした人々は，自ら支援を求めることが難しいです。ワーカーは単に相談が寄せられるのを待つのではなく，問題の発生や権利侵害の発生に気付き，声なき声をキャッチするためのアウトリーチに取り組んでいく必要があります。また，どのような対象者かによってアプローチが変わるため，トレーニングを受けた専門職がかかわる必要があります。

ソーシャル・ケースワーク（以下，ケースワーク）を展開していくには，図表7－2に示すような段階を経ていきます。相談窓口等のケースワークでは主に網掛部分の展開をしますが，生活に密着した場面でのケースワークはアウトリーチから開始し，フォローアップまでが一連の流れとなっています。

アウトリーチとは，援助者が当事者の中に発見した問題状況を当事者に認識

図表7－2　ケースワークの流れ（展開）

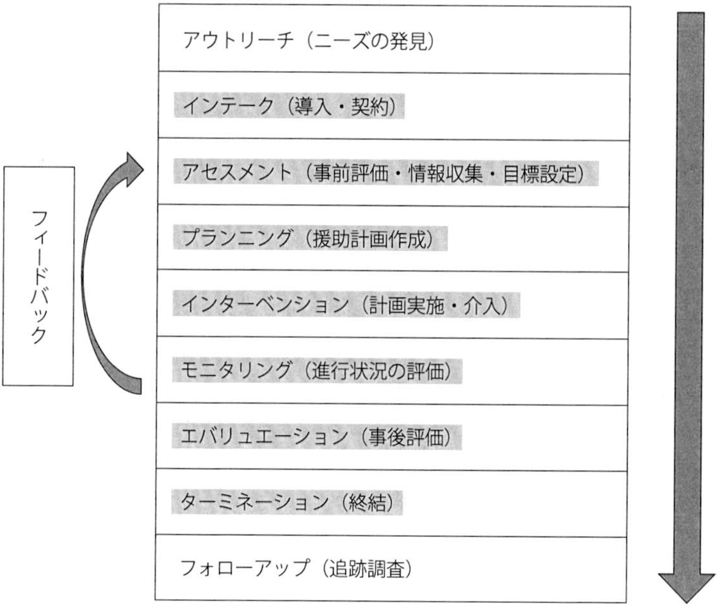

出所：筆者作成。

してもらう段階です。援助の必要性を感じているにもかかわらず繋がっていない，あるいは必要性に気が付いていない，気づいても援助を受けようとしない当事者に対して援助者側から働きかけをしていきます。まだこの段階では，当事者にとって援助は開始されていないため，どのように援助につなげていくかが重要となります。

インテークとは，当事者の訴え，援助者の気づきから解決すべき問題の発見・把握，援助の必要性を認識する段階を指します。円滑に次の段階に進むために，速やかに良好な援助関係を構築できるか配慮が必要となります。単に情報収集と状況把握のためだけの事務的な会話にならないように，当事者のさまざまな感情に共感していく姿勢が重要になります。

アセスメントとは，援助目標の設定，援助計画の立案，介入・援助方針の決定の基礎となる重要な段階です。援助過程のある一時期のみに限定して行うものではなく，終結に至るまで絶えず継続して行われるものです。情報は，当事者からの直接面接等の方法によって話を聞く他に，専門職としての観察，家族親族，学校など関係機関等周囲からの情報を集め，多角的に状況を把握できるように努めることが大切です。

プランニングとは，利用者と援助者が協働して目標を取り決め，達成するための方法について検討し，適切な行動を選択していくプロセスを指します。当事者の発達段階や現状などを的確に把握し，最も有効な方法や支援内容を選択することが重要です。設定する目標は当事者が求めていることに関連していなければならず，援助者が一方的に目標を押し付けてはいけません。利用者にわかりやすいよう，明確で測定可能なもの，達成可能なものにする，肯定的な言葉で表現することも大切です。ワーカーが所属する施設や機関の機能と一致させることも必要となります。

インターベンションとは，計画に基づいて実際に利用者や周囲の環境に対して働きかけをしていく段階です。直接的援助（活動）と間接的援助（活動）に分けることができます。直接的援助は，利用者自身に焦点を置き，利用者の精神的な支えや対処能力の向上を目指す直接的なかかわりを指しています。間接的援助は，利用者が今いる環境に焦点を置き，社会環境の調整や社会資源の活用を支援することにより，間接的に利用者に働きかけるかかわりを指しています。

モニタリングとは，計画に基づいた介入が行われている中で，当事者や当事者を取り巻く環境にどのような変化があったか，介入の効果はあったか等について評価をしていく経過観察の段階です。単に観察・把握するだけでなく，調整を図る，新たな課題やニーズが生じていないかを確認することが求められます。それによって，援助者は現在進行している支援を継続するのか，中断して計画内容を修正するのかを判断することとなります。モニタリングの対象には，利用者やその家族のほか，サービスを提供している他の援助者などが含まれますが，実施の順番や方法の検討，各対象が十分に状況や意思を伝えることができるように支援を行う必要があります。

エバリュエーションとは，援助計画実施後に，その援助の過程や内容，効果等について総合的に検証・評価する段階です。援助の途中または終結の前提として常に援助過程や効果について振り返ることが大切です。適切な評価をするには，問題の状況や当事者の状況についてきちんと整理したアセスメントができていることと，プランニングの段階で評価の対象や目標が明確に示されていることが必要です。

ターミネーションとは，計画を実施した結果，問題の解決が図られる，課題は残るものの利用者自身の力で対処していくことができると双方で確認がされた時に終結を迎える段階です。突然終了するものでなく，経過を振り返り成果を確認したり，その後も何かあれば受けいれる体制にあることを伝えたり，分離不安を緩和するような丁寧なかかわりを終結に至るまで行うことが大切です。

フォローアップとは，終結後の一定期間，利用者の現状に問題の再発や新たな問題の発生がないかを調査し，必要な場合は再び援助につなげる体制をとっていく段階です。

こうしたソーシャルワークの展開過程の中で，PDCA サイクルを回しながら，よりよい実践を目指して改善していくことが重要です。

(4) 求められる技術と方法

相談援助をするワーカーに求められる基本的な姿勢として，第５章１節の⑵で解説した「バイスティックの７原則」があります。このバイスティックの７原則以外にも，重要な姿勢として傾聴があります。傾聴とは，単に黙って耳を傾けることではなく，積極的な関心や態度や表情を示し，利用者の訴えたいことにしっかりと焦点を当てるかかわりをいいます。積極的な関心を示す態度として，適度に視線を合わせたり，話を聞く時の体の姿勢や動作への配慮をしたり，適度な声の調子・動作としてのうなずきと言葉による相槌をうつことが有効です。

相談援助は，特別な課題を抱えた人や場面だけが対象となるものではなく，日々の生活の中で会話やかかわりの中から潜在的なニーズを発見し，相談援助の技術を活用しながら，当事者に寄り添い，その人にとっての最善の利益となるよう支援していくことが求められています。

2 生活支援

(1) コミュニティとソーシャル・キャピタル

ソーシャル・キャピタルとは，政治学者ロバート・パットナム（Robert Putnam）が3つに分類して定義しました。人々の協調活動を活発にすることによって社会の効率性を高めることのできる「信頼」「規範」「ネットワーク」といった社会組織の特徴をさします。このソーシャル・キャピタルは，社会関係資本と訳されることもあります。

構成要素である「信頼」とは，「知っている人に対する厚い信頼（親密な社会的ネットワークの資産）」と，「知らない人に対する薄い信頼（地域における他のメンバーに対する一般的な信頼）」を区別し，「薄い信頼」の方がより広い協調行動を促進することにつながるため，ソーシャル・キャピタルの形成に役立つとしています。また，信頼があると自発的な協力が生み出され，自発的な協力がまた信頼を育てるとされています。

次に，規範の中でも互酬性の規範を特に重視しています。互酬性とは相互依存的な利益交換であり，均衡のとれた互酬性（同等価値のものを同時に交換）と，一般化された互酬性（現時点では不均衡な交換でも将来均衡がとれるとの相互期待を基にした交換の持続的関係）に分類されます。そして一般化された互酬性は，短期的には相手の利益になるようにという愛他主義に基づき，長期的には当事者全員の効用を高めるだろうという利己心に基づいており，利己心と連帯の調和に役立つとされています。

3つ目のネットワークについては，垂直的なネットワークと水平的なネットワークがあるとされています。垂直的なネットワークがどんなに密でも社会的信頼や協力を維持することはできませんが，水平的ネットワークが密になるほど市民は相互利益に向けて幅広く協力すると考えられています。家族や親族を超えた幅広い「弱い紐帯」を重視し，その中でも特に，「直接顔を合わせるネットワーク」が核であるとされています。

互酬性の規範と市民の積極参加のネットワークから社会的信頼が生じる可能性を指摘し，さらに，いずれかが増えると他のものも増えるといったように相互強化的であると主張しています。

ソーシャル・キャピタルが豊かになると経済面，社会面で有益な成果をもたらし，個人の繁栄にとってもその蓄積が重要であると指摘されています。子どもの教育成果の向上，治安の向上，健康増進，ボランティアや地域自治活動の活性化等，核家族化などで希薄となった地域を再び活性化させ，現代の課題である少子高齢化対策への効果が期待されています。

2000年前後から社会福祉基礎構造改革の中で地域福祉が進められてきました。今日的課題である虐待，DV，引きこもり等，複雑で複合的な問題を抱えています。そうした問題の共通点として，社会的孤立や社会的排他があり，周りの人が気付かない，見て見ぬふりをする人と人とのつながりの希薄さが浮き彫りとなっています。このような問題の克服をするために，行政や専門職が連携し，横断的・包括的な対応を図っていく必要があります。福祉，医療，教育等サービスを横断的・一元的に提供し，個人・世帯丸ごと支える仕組みを構築していくため，地域共生社会づくりとコミュニティワークが重要となります。そこには，地域で暮らす人々が，我が事として課題を捉え，予防し，問題解決する力を醸成していくことが不可欠となっています。

市民活動の活性化は，ソーシャル・キャピタルが豊かになることと正の相関関係を持っていると考えられます。障害者の就労や生活支援，引きこもりやニート等の若者支援，子ども・子育て支援，保健・医療・介護分野でのNPO法人の活用を国として推進しています。

子ども・子育て支援では，子育て親子の交流促進や相談を実施する事業や放課後児童クラブの運営，ファミリーサポートセンター事業，病児保育事業，子どもの居場所づくり支援事業，ひとり親家庭の子どもの食事等支援事業等の多くがこうしたNPO等民間の地域に密着した活動で支えられています。

(2) 自立支援・社会で自立するとは

社会的養護の中で育つ子どもたちは，社会的孤立や社会的排他の中，地域で暮らすことが難しくなって入所・委託され養育されています。社会的養護は，地域や繋がり，そして絆から分断されて，それらを獲得できていなかった子どもたちを再び社会へ送り出していくという使命を持っています。社会的養護の生活支援には，どのような理念や支援があり，社会で自立できるようになるための工夫をどのようにしているのかを見ていきましょう。

1）社会的養護の生活支援

社会的養護を担う児童福祉施設は，そこで暮らし，そこから巣立っていく子どもたちにとって，よりよく生きること（well-being）を保障する場でなければなりません。そのために，国は運営指針を定め，運営の理念や方法，手順などを提示し，質の確保と向上に努めています。そして，次のような，社会的養護の原理を６つ定めて，社会的養護を担う施設と共通理解の下，支援を行っています。

①家庭的養護と個別化

子どもは，適切な養育環境で，愛され大切にされていると感じることができ，子どもの育ちが守られ，一人一人の個別的な状況が十分に考慮されながら養育され，将来に希望が持てる「あたりまえの生活」の保障が必要です。できるだけ家庭あるいは家庭的な環境で養育する「家庭的養護」と，個々の子どもの育みを丁寧にきめ細かく進めていく「個別化」が重要です。

②発達の保障と自立支援

子どもは，愛着関係や基本的な信頼関係を基盤にして，自分や他者の存在を受け入れていくことができるようになります。自立に向けた生きる力の獲得も，健やかな身体的，精神的および社会的発達も，こうした基盤があって可能となります。子どもの主体的な活動を大切にするとともに，さまざまな生活体験などを通して，自立した社会生活に必要な基礎的な力を形成していくことが必要です。

③回復をめざした支援

被虐待児童や不適切な養育環境で過ごしてきた子どもたちは，虐待体験だけでなく，家族や親族，友達など地域で慣れ親しんだ人々との分離なども経験しており，心の傷や深刻な生きづらさを抱えています。さらに，情緒や行動，自己認知・対人認知などでも深刻なダメージを受けていることも少なくありません。こうした子どもたちが，安心感を抱ける場所で，大切にされる体験を積み重ね，信頼関係や自己肯定感を取り戻していけるように，癒しや回復をめざした専門的ケアや心理的ケアなどの治療的な支援をしていくことが必要です。

④家族との連携・協働

保護者の不在，養育困難，さらには不適切な養育や虐待など，「安心して自分をゆだねられる保護者」がいない子どもたち，子どもを適切に養育することができず悩みを抱えている保護者，DV などによって「適切な養育環境」を保てず，困難な状況におかれている親子がいます。こうした子どもや保護者の問題状況の解決や緩和をめざして包括的な取り組みをしていく必要があります。

⑤継続的支援と連携アプローチ

社会的養護における養育は，「人とのかかわりをもとにした営み」です。子どもが歩んできた過去と現在，そして将来をより良くつなぐために，その始まりからアフターケアまでの継続した支援と，できる限り特定の養育者による一貫性のある養育が望まれます。児童相談所等の行政機関，各種の施設，里親等のさまざまな社会的養護の担い手が，それぞれの専門性を発揮しながら，巧みに連携し合って，一人一人の子どもの社会的自立や親子の支援をめざしていく連携アプローチが求められます。また，同時に複数で連携して支援に取り組んだり，支援を引き継いだり，あるいは元の支援主体が後々までかかわりを持つなど，それぞれの機能を有効に補い合い，重層的な連携を強化することによって，支援の一貫性・継続性・連続性というトータルなプロセスを確保していくことが求められます。

⑥ライフサイクルを見通した支援

社会的養護の下で育った子どもたちが社会に出てからの暮らしを見通した支援を行うとともに，入所や委託を終えた後も長くかかわりを持ち続け，帰属意識を持つことができる存在になっていくことが重要です。育てられる側であった子どもが親となり，今度は子どもを育てる側になっていくという世代を繋いで繰り返されていく子育てのサイクルへの支援，虐待や貧困の世代間連鎖を断ち切っていけるような支援が求められています。

次に，施設へ入所した子どもはどのようなプロセスでどのような援助を受けていくのか見ていきましょう。

援助は入所前から開始し，施設を退所した後も継続的に行われます。図表7

図表７－３　施設における援助の段階

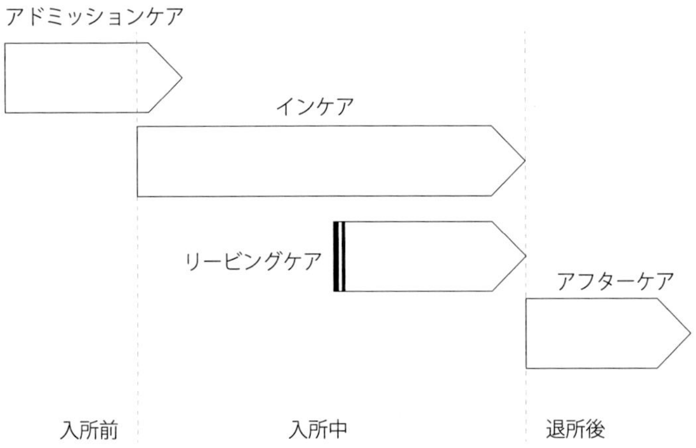

出所：筆者作成。

－３は，施設における援助の段階を示したものです。

ここから，図表７－３について，それぞれの段階の支援内容や留意点について解説します。

・アドミッションケア

施設への受入をスムーズに進めるための入所前後の援助を指します。児童相談所と連携して子どもの問題と援助方針を理解し，必要な支援について検討・実施します。親からの分離や生活環境が大きく変わること，施設そのものに対しての不安や緊張を緩和・解消するための配慮が大切な時期となります。子どもと保護者双方へ入所に対する十分な説明と同意（インフォームドコンセント）が求められます。「子どもの最善の利益」になるように考えて，子ども自身の意向と選択（意見表明権）を尊重しなければなりません。そのために，入所前の見学や体験入所などを行うことや，入所時の約款（契約書や約束事等の取り交わし）をしている施設もあります。入所直前・直後の配慮は，他児童との相性，予想される行動に対して職員間で対応を検討し，物品準備に至るまで細やかな配慮が必要となります。子どもや家族に受け入れてもらえているという印象を持ってもらい，他者へ養育を任せることに対して安心感を持ってもらえるような体制を整えることから始まります。

・インケア

施設内で行われる援助を指します。児相の援助方針を理解した上で，一人一人に児童自立支援計画（ケアプラン）が策定されます。策定する際には，子どもの思いや希望も聞き取り反映できるように努める必要があります。それを各職員が共通理解した上で生活支援を実施します。基本的生活習慣の獲得，社会性・自主性・自立性の獲得，学習支援，心理的ケア，障害や病気を抱えた子どもへは，医学的管理の下，治療や療育が行われます。親子関係の調整や家庭環境の調整も並行して行われます。

・リービングケア

家庭復帰，施設退所，就労・自活などが予定されている子どもたちの自立生活に向けて実施される退所前プログラムを指します。自立に向けた支援は，入所から退所までの日々を通して行われますが，目前に控えた時期になると，重点的，具体的に行われます。例えば，就労体験（アルバイト），預金口座開設手続き，一定期間特別な設備のある場所で一人暮らし体験をする等が挙げられます。衣食住，経済生活，一人暮らしの知恵や対応方法，社会生活のルール等，社会に出たときに必要な技術や知識の習得ができるようにします。住み慣れた施設からの分離に対する不安を緩和・解消したり，退所後も良好な関係が保てるように家族を支援したりすることも含まれています。

・アフターケア

施設を退所した後に行われる援助を指します。退所後の相談にのる等の生活支援，関係機関と連携しながら虐待再発の防止や生活の安定を図れるようサポートします。家庭復帰をする際には，施設や児相からの連絡，児童委員・保健所・学校・要保護児童対策地域協議会などの社会資源を活用しながら見守りをします。就労し自立する際には，物理的・心理的な居場所の提供，悩みやトラブル，病気やケガ，金銭問題などの具体的な助言や問題解決への介入などをします。里親等への措置変更の場合には，家庭訪問，行事参加などの相互交流をしながらサポートします。

インケアの中では慈しまれ，愛される体験をすることが大切です。施設での生活が落ち着いてくると，それまでこらえていた感情が表出します。対応に苦慮するような言動も出ますが，それでも無条件で愛され，いつくしまれ，受容され，安心した生活を送ることができる環境を築くことが大切です。そうしたかかわりの中で，信頼関係を構築していきます。分離不安，虐待等，大人との関係が安定しない体験をした子どもは，親切な言葉や優しさだけでは容易に大人を信用できません。試し行動等，職員が焦りや緊張感を伴い対応に苦慮することも多々あります。個々の子どもの課題や成育歴に配慮した個別化した支援をしていきます。日常生活の支援の中でも，『物理的に安全安心できる環境』『精神的な安心と安全』の安全で安心できる生活を保障していくことが大切です。子どもとの関わりにおいて，いっしょに遊んだり，話したり，共に過ごす日常生活の場面に合った援助・支援（声掛けや行動）を意図的に提供（専門性）していくことが必要となります。

基本的生活習慣，生活リズム，行動様式の習得，学習保障等が丁寧に紡がれていきます。また，『子ども同士の集団』『職員集団』『子どもと大人』それぞれの集団が安定していることが子どもの情緒の安定や生活意欲に影響するため，個別化した支援を行うと並行して，集団を活用した取り組みも工夫されています。社会生活上の課題を達成するために子どもたちが生活のルールを作ったり，部活などを通したグループワークをしたり，季節の行事などで企画運営をすることもあります。楽しみや達成感を得られる体験を通じて，安全感の獲得，社会的規範の修得，対人関係の学習等をめざして行われます。学校や地域での催し物に参加したり，旅行やキャンプ，スポーツ観戦をしたり，社会参加を行うことで，生活の中で喜びを感じ，他人とのかかわりの中でも自信を持つことができるようになります。そうした取り組みをするためには，地域の理解・協力が重要となるため，職員が地域貢献や交流の場を作って理解を得ていく工夫もされています。

また，家庭と同様の養育環境に加えて「被虐待体験により傷ついた心のケア」「こじれてしまった親子関係調整」「施設退所者など『元要保護児童』のアフターケア」が機能として求められています。措置されている期間だけ養育・保護を行うのではなく専門的なケアによって，子どもの抱えるニーズを充足し，施設退所後には社会の一員としてきちんと生活・人生を送ることができるよう支援することが役割として求められています。

こうした支援の方向性を明確化していくものとして，ケアプラン（自立援助計画）があります。児童福祉施設等は，子どもの入所時あるいは数か月間以内，援助方針（援助指針）に基づいて支援した後に，ケース検討会議などによる協議に基づき養育・支援計画と家庭復帰支援計画からなるケアプラン（自立支援計画）

を策定します。養育・支援計画の作成にあたっては，その子どものマイナス面の改善や回復のみをめざすのではなく，その子どもの特長を活かしエンパワメントできるように支援することが重要です。また，子どもが抱えている個別の問題や課題は，子ども自身の要因，家庭（保護者・家族）の要因，地域社会の要因が複雑に影響し合っているため，これらの要因について十分な情報を基にして，個々の子どものニーズにあった内容であることが求められます。担当職員だけではなく，すべての職員が参加し，その子どもの支援目標，支援方法などについて組織的に検討することが重要です。ケアプラン（自立支援計画）の構成内容は，簡単な基本事項に加え，子ども本人，保護者および関係機関の意向や意見，児童相談所との協議内容，支援方針について，それぞれに長期計画（概ね６か月～１年）・短期計画（概ね３か月）で構成されます。家庭復帰支援計画については，保護者および家庭への支援，地域の資源やそれぞれの機関や団体等の役割，子どもと保護者等の再接触の計画等を記載し，長期計画と短期計画を作成します。

子ども自身の養育と並行して家族支援を行います。社会的養護が必要な状況であることは，家庭での養育が難しいことであるため，貧困，不安定就労，虐待の連鎖等からくる養育困難など家族も何らかの問題・課題を抱えています。社会環境から影響を受けていることが要因としてある場合には，家族を取り巻く環境や個々の価値観（親自身の育ちの環境等も含め）に対する調整が必要となります。そうした親子関係の調整は，入所中離れて暮らしていても親子関係は継続しているため，家庭復帰の可能性の如何でなく良好な関係を築いていくことが大切になります。保護者と「養育を協働する」意識の下，面会・外出・外泊（一時帰宅，帰省），行事参加など子どもの養育に参加する・役割分担する機会を設定し，再構築を図っていきます。その際に，会いたくないという子どもの気持ちを尊重する，ケース展開によっては一時的に接点を減らすことも必要な場面もあるので，無理な調整をしないように配慮することも大切です。また，親との交流は子ども間で差異があるため子ども間の関係や他児童の様子にも気を配る必要があります。

施設入所児童に対する自立支援とは，社会人として自立して生活していくための総合的な生活力を身に着けることであり，基本的生活習慣の獲得や職業訓練だけを意味するものではありません。自立とは孤立ではなく，必要な場合に他者や社会に援助を求めることは自立に不可欠の要素ですから，依存を排除しているものでもなく，むしろ発達期における十分な依存体験によって育まれた他者と自己への基本的信頼感は社会に巣立っていくための基盤となるものと考えて支援をしていきます。

退所後のアフターケアとしての自立支援には，児相，福祉事務所のケースワーカーによる支援（定期的な通所，家庭訪問，学校等訪問等），地域の児童委員による支援（相談，訪問等），退所後も施設による支援（相談，家庭訪問，行事への参加等）があります。また，退所前からの社会常識や生活スキル等を獲得するための支援や社会の中でもつながれる安全な場所を作るため，進路先との連携等も大切です。退所後も，相談以外に児童が気軽に集まれる場の提供や自助グループ活動の支援などもアフターケアに含まれます。

制度としての自立支援には，次のような制度や事業があります。措置継続（概ね６か月程度）は，中卒後に就職する児童に対して支援を継続できる制度です。社会的養護自立支援事業は，18 歳（措置延長 20 歳）に達し措置を解除された後も，自立支援を行うことが適当な場合には，原則 22 歳の年度末まで，個々の事情に応じた必要な支援（生活相談，終了相談，居住に関する支援）を受けることができる制度です。児童養護施設等退所児童自立定着指導事業は，退所した児童の家庭や職場を訪問して相談援助を行い社会的自立を容易にするための支援を行う事業です。その他，児童自立援助ホームの拡充，身元保証人確保対策事業等が整備されています。

また，地域社会における支援として，施設で育った当事者を対象に就労や進学をはじめとする生活全般にわたる相談や情報提供，仲間づくりの期間等を提供することで，安心・安定した生活を継続できるように支援する「退所児童等アフターケア事業」の制度化がされました。就学・就労自立となった退所児童においても，支援コーディネーターの配置，住居に関する支援，生活費の給付，生活相談・就労相談の実施等が可能になりました。こうしたアフターケアの充実やNPO等の民間機関と連携した取り組みが進められて，地域社会での生活を支えていけるよう支援をしています。

【注】

1）リッチモンド（Mary. E. Richmond）アメリカのCOS（慈善組織協会）の友愛訪問活動の中から，『社会的診断』『ソーシャル・ケース・ワークとは何か？』等，さまざまな著書を発表し，ケースワークの理論や方法を科学的に体系化し基礎を築いたため“ケースワークの母”と呼ばれています。当時，貧困問題は怠惰な性格や生活に原因があるといわれていましたが，解決するにはそれだけでなく社会的な環境や条件を変えることが必要だと説きました。人と環境とは連動していて，それぞれ交互に影響・作用しあうことでよい状態にも悪い状態にもなります。こうした相互作用に着目しながら，問題を発生させている構造的な原因の解決を目指します。

引用・参考文献

厚生労働省編（2018）『保育所保育指針解説』フレーベル館。

ソーシャルワーカー連盟「倫理綱領」https://jfsw.org/code-of-ethics/

一般社団法人日本ソーシャルワーク教育学校連盟（2021）『社会福祉士養成講座・精神保健福祉士養成講座12　ソーシャルワークの理論と方法［共通科目］』中央法規出版。

メアリー・E・リッチモンド（Mary. E. Richmond），小松源助訳（1991）『ソーシャル・ケース・ワークとは何か』中央法規出版。

F. P. バイスティック（Felix. P. Biestek），尾崎　新・福田俊子・原田和幸訳（2006）『ケースワークの原則　新訳改訂版　援助関係を形成する技術』誠信書房。

厚生労働省「ソーシャルキャピタル関連資料」https://www.mhlw.go.jp/stf/seisakunitsuite/bunya/0000092042.html

内閣府「平成14年度ソーシャルキャピタル：豊かな人間関係と市民活動の好循環を求めて」https://www.npo-homepage.go.jp/uploads/report_h14_sc_2.pdf

厚生労働省雇用均等・児童家庭局長通知（2012）「児童養護施設運営指針」https://www.cfa.go.jp/assets/contents/node/basic_page/field_ref_resources/8aba23f3-abb8-4f95-8202-f0fd487fbe16/1d1aa7d2/20230401_policies_shakaiteki-yougo_07.pdf

児童養護施設運営ハンドブック編集委員会（2014）「児童養護施設運営ハンドブック」厚生労働省　https://www.cfa.go.jp/assets/contents/node/basic_page/field_ref_resources/8aba23f3-abb8-4f95-8202-f0fd487fbe16/ddd00bd3/20230401_policies_shakaiteki-yougo_14.pdf

福祉施設で働く児童指導員・保育士の業務と実態

施設保育士　村松咲和

私の働く児童発達支援・放課後等デイサービス施設では主に感覚を育む運動療育を児童たちの特性に合わせて個別療育や集団療育として行っています。集団療育では周りの友達の様子を見て学び，遊具の使い方や遊びのルール等の社会性も育むことができるよう支援を行っています。

1日の仕事内容は，児童たちが学校や保育園のある日は，午前中に事業所運営に必要な事務仕事や，児童の個別支援計画および支援に必要な教材の作成，そして児童の受け入れ準備を主に行っています。事業所運営に必要な事務仕事は請求書発行やレセプト業務等があり，児童が通所した日数分の請求入力をしたり，確認作業を行ったりしています。

個別支援計画とは児童や保護者の現状，今後の希望，および発達支援にかかわる職員が共有すべき情報等がすべて記載されている療育に欠かせない資料です。職員間で児童の得意なことや苦手なこと，学校や保育園または，日常生活の課題の中から，目標を立てて明確なゴールをめざしながら療育に取り組むことを目的として作成しています。この個別支援計画をもとに保護者との面談も定期的に行っており，学校や保育所，家庭，療育者との間で情報共有しながら支援を行っています。

児童の教材や支援グッズの作成では，運動療育プログラムを作成したり，児童の学習内容や発達段階にあったプリントの作成や絵カード，さらに手先の訓練用のマッチング課題等を作成したりしています。児童たちが当日行う課題がわかりやすくなるよう児童ごとの個別の課題は一人ずつ分けて用意をしたり，乗り物や動物等，児童たちの興味のある内容で学習プリントを作成したり，学習や課題に対して前向きに取り組めるよう工夫をしています。

図表７－４　１日の日課

<table>
<tr><td colspan="3">子どもたちの１日</td></tr>
<tr><td>学校開校日</td><td>時　間</td><td>学校休校日</td></tr>
<tr><td rowspan="5">未就園児
未就学児の
個別療育</td><td>10：30</td><td>ご自宅へお迎え</td></tr>
<tr><td></td><td rowspan="2">学習支援
課題の取り組み</td></tr>
<tr><td></td></tr>
<tr><td>12：00</td><td>昼食</td></tr>
<tr><td>13：00</td><td rowspan="2">自由遊び
おやつ作りや
製作</td></tr>
<tr><td>学校・園へ
お迎え</td><td>14：00</td></tr>
<tr><td>おやつ</td><td>15：00</td><td>おやつ</td></tr>
<tr><td rowspan="2">運動療育</td><td>15：30</td><td rowspan="2">運動療育</td></tr>
<tr><td></td></tr>
<tr><td rowspan="2">自由遊び
課題の取り組み</td><td>16：00</td><td>自由遊び</td></tr>
<tr><td>16：30</td><td>ご自宅への送迎</td></tr>
<tr><td>ご自宅への送迎</td><td>17：30</td><td></td></tr>
</table>

出所：筆者作成。

教材は児童の取り組む様子を見守り，よりよく取り組めるよう修正をかさね，日々改善しながら作成しています。午後からは児童の受け入れが始まります。児童の１日の様子は図表７－４のとおりです。

通所する児童には，はじめに検温等の体調管理を行い，その後は学校の宿題や個別の課題に対する支援を行います。自由遊び（ボール遊び，マット遊び，トランポリン，ブロック等）の中で，周りの児童と適切にかかわれるよう支援を行っています。毎日15時30分から30分間は集団療育で，その日ごとの運動療育プログラムを行います。

スイングという天井から吊るす遊具や平均台，トランポリン，マット運動，ボール，縄跳び等を用いて運動療育を行っています。施設には１歳半～14歳という幅広い年代の児童がおり，苦手な点や得意な点も異なるため，同じ器具を使用した感覚統合訓練でも，説明の仕方や，取り組み方は一人ひとりにあった内容を工夫して行います。

運動療育が終わると児童は感想用紙を記入します。記入用紙に後日，活動中の写真を貼ります。写真を見返して，児童たちが後で活動を振り返ることができるようにしています。

児童が帰宅した後は訓練室の片付けや児童の記録（ケース記録）を細かく記録作成しています。ケース記録を細かく入力することで，個々の児童のこだわりや日々の様子を正確に把握し，支援に生かすことができます。

私の勤める施設に通所する児童は軽度知的障害や軽度発達障害，学習障害，ダウン症，広汎性発達障害，自閉スペクトラム症等の児童が通所しています。さまざまな障害を持つ児童が通所していますので，特性に合った教材の作成や声掛けを心掛けています。

軽度知的障害の児童や学習障害の児童には，学校の学習の予習復習や苦手な教科の学習に重きを置き取り組みます。例えば，算数では単位や繰り上がり繰り下がりの計算の仕方等を可視化して理解しやすいように教材を作成します。国語では，音読で教科書が読みやすくなるよう，文章が 1 行ずつ見えるように教材を作成しています。

未就学の児童には，就学に向けて段階的に椅子に座って集中する時間を増やす練習や文字，数字の読み書きの練習を行います。ペンを持つことが苦手な児童には砂文字ができる道具を作成して，指でなぞったり電車に興味のある子へは運筆練習やひらがな練習プリントに電車の写真をつけて楽しく練習できるよう工夫しています。

年齢も発達段階も異なる児童の支援は日々試行錯誤で，教材，運動療育，および日常の声掛け，そして遊び方等もさまざまですが，施設保育士としてたくさんの児童と接することはとてもいい経験となります。

児童発達支援，放課後等デイサービスの仕事をしていて良かった点は，上記のような経験を積める点や，保育園から小学校，中学校と児童の様子を長く見ることができることです。長期的な支援に介入することで児童との信頼関係を築いたり，児童の特性もより深く理解することができます。

年齢や状態に応じた課題やその課題に対する取り組み等，１人の児童と向き合える時間が多くあり，その取り組みの結果までをしっかりとみることができる点でやりがいを感じます。

そのほか，平日（学校がある日）の午前中は職員間で支援について話し合いながら事務仕事を行い，直接支援以外の業務を行うことで，気持ちにメリハリを持って児童の支援に臨める点もよい点です。さまざまな特性の児童たちが通所していますので，支援に戸惑うこともあります。しかし，あえて担任制は採用していません。それは，１日に10名ほど通所する児童を異なる職員４～６名で見ることで，支援中の悩みも相談し合いながら業務にあたることができ，多面的な視点で児童の支援を行うことができるからです。児童たちはみんなとてもかわいく，日々の中で「他児童とのかかわりが増えてきた」「トイレが成功した」「ハンドサインで思いを伝えられるようになった」等，一つ一つの成長を感じる瞬間はとてもうれしく思います。

第8章

トレーニング：事例検討

(1) レッスン１：社会的困難を抱える子ども・家庭への支援

1）施設入所の目的と対応　⇒　事例を検討するためには第２章の１節，第３章の２節，および第７章の１節を参照

小学校4年生の女児Aは，小学校入学以来欠席が多く，この一年はずっと登校できていない。小学校の担任教諭や近隣住民から本人や家庭へ働きかけてみたが，接触を嫌がる様子だった。虐待の心配をした学校から児童相談所へ相談をすることになった。児童相談所の児童福祉司が家庭訪問をし，本人と面会をしたが拒否的な反応を見せていた。何度か様子を見に行き，働きかけをしているうちに，本人の様子や家庭の様子がわかってきた。自宅で過ごしている間，専業主婦である母親が勉強を教えたり，共に家事をしたりしていたようで，母親との関係は悪くないようだった。母親は，Aが学校に行けない理由について思い当たる節がなくどうしたらよいか困っているものの，『どうせ行ったところで嫌なことしかないし，本人が行きたくないのであればこのままでも構わない』というような発言も聞かれた。父親は下肢にマヒがあり，補助具がないと歩行が困難な様子である。身体障害者手帳を持っており，障害者雇用により会社勤めをしている。Aを気に掛ける言葉は出てくるが，実際には接している時間は少ないようだった。子どもに愛情があるようには思われるものの，母親の様子も父親の様子もどこか違和感を抱くような不穏な状態が窺えた。不登校の改善も見られず，保護者の養育力にも期待することは難しいと判断し，専門的なケアを受けながら学校に通えるように施設入所を勧めた。時間はかかったが，保護者もA本人も同意し，児童養護施設への入所が決まった。

Q1. Aの家庭の問題はいくつか絡み合っています。A・母親・父親それぞれに焦点を当てて考えるとどのような問題を抱えているでしょうか。

Q2. 学校から連絡を受けた児童相談所は，どのような働きかけをして，役割を果たしているでしょうか。

Q3. 入所の目的の中の児童養護施設に期待された専門的なケアとはどのようなことでしょうか。

A1. 表立って問題となっているのはＡの不登校ではありますが，外的要因が見当たらないため家族それぞれの問題が影響しあっていると考えて，家族関係をアセスメントしていく必要があると考えます。

・女児Ａ…不登校，家族以外の人への拒否的な態度（不信感）

・母　親…Ａの不登校について適切な対処をとっていない（学校への相談をしていない，相談機関からの支援を拒否する），認知の歪み（『どうせ行ったところで嫌なことしかない』は本人の発言というよりも母親が社会に対して否定的な見方をしていることが反映されている）

・父　親…身体障害，子どもの養育へ積極的に参加していない

A2. 虐待の疑いがあるとして学校から虐待通告を受けて調査を行っています。本人，家族に対してのアプローチとして家庭訪問，聞き取り等面談による情報収集，学校や地域からの情報収集を行い，多面的，客観的に子どもの様子をアセスメントしていきます。

A3. 児童養護施設の目的は，保護者のいない子ども，虐待を受けている子ども，その他，環境上養護を必要とする子どもを入所させて，養護し，自立のための援助を行うことです。女児Ａの養育環境として，母親や父親の養育・関わりではＡの抱える課題を解決することが難しいと判断されたため入所となっていますので，環境上養護を必要とするケースに該当します。つまり，環境の調整として，Ａに適切な養育環境を提供し発達を促すこと，家庭内の環境を整える・保護者の養育能力を上げることが求められています。また，心理療法等により不登校に至った経緯の把握（アセスメント）も重要な役割となります。

2）支援方法　⇒　事例を検討するためには第７章の２節，および第３章の１節を参照

入所して１週間ほどは感情の起伏が少なく淡々とした様子で過ごしていたが，少し慣れてきたと思う頃からは，何をするにも怯えた表情を見せ，自分の意思を示すことはなかった。施設内のルールや保育士の言葉には抵抗なく従うが，

他児に対しては距離を取っている様子がみられた。入所前の様子を尋ねてみても，常に母親と一緒に過ごしており，近所のスーパーに同行して出かける以外には家の中で過ごしていただけだと話した。父親との会話はほとんどなく，関心もあまりない様子だった。母親から心と体に良いからと言われて体操をルーチンとして行っていたようで，入所後3か月辺りまでは，施設内の自分の部屋で体操をしていた。入所から1か月が過ぎたある日，TVのニュースで別の地方で起きた地震について報じているのを観た途端，『家に帰らなきゃ！』『お母さんが死んじゃう』と急に泣き叫びだした。普段から時々思い込みが激しかったり融通が利かなかったりすることは見られたが，現実には起こっていないことに対する尋常ではない怯えを見せたのは初めてだった。保育士が居室に付き添い，自宅や施設がある場所には何も起こっていないので大丈夫だと繰り返し伝えてなだめた。少し落ち着きを取り戻したところで，本人から母親に電話をしたいと希望が出たため，母親に電話をかけた。無事を確認すると安心したようで，落ち着きを取り戻した。一連の様子を見た職員間で，母親から離れることで不安が募り，不登校になっていたのではないかという予想を立てた。

ケアプラン（自立援助計画）には，適度な距離を取りながら親子関係の調整を図ることによって，A自身の意思や発達を伸ばすことを目標として立て，職員間で共通理解を図りながら援助を進めていった。日常生活の援助では，さまざまな場面で経験が積めるよう，本人が怖がる新奇場面で保育士が傍で見守り一緒に取り組むこと，小さなことでも自己決定を促していくことを支援方針とした。

面会や外出など母親との接点を持つことは頻繁に行わず，月に1度程度に留めた。母親には，治療上距離を置くことが必要であることを説明し，同意と協力を得た。定期的な面会，外出には母親のみがやってきた。父親は，身体障害による移動困難を理由に入所からしばらく経っても施設へ来所することはなかった。

他児とも仲良くなり，体操のルーチンもしなくなって，自分の好きなものの話や自分の感情を言うようになってきた。入所児童が通う学校は距離的に近いこともあって問題なく登校できていた。新奇場面も不安そうな顔をしたり，しり込みしたりするものの挑戦できるようになってきた。ひとりで過ごす時間を持つことはリフレッシュになるようで，居室で本を読んだり，絵をかいたりして過ごす時間を好んでいた。その中でも，特に絵を描くことが好きで，他児に描いてとせがまれたり，学校場面で校内のポスターを描く役割を任されたりする等，腕前を発揮して自信をつけていった。

本人の様子も安定してきたため，次のステップとして自宅への外泊を進めていくのにあたり，家庭訪問をしたいと母親に申し入れた。しかし，母親は自宅内へ入ることを頑なに拒んでいた。中学生になり，進路を見据え家庭復帰の可能性も検討していくために，児童相談所の担当福祉司も同行し支援方針を検討するために家庭訪問が必要であることを母親に伝えるが，拒否をする様子に変化は見られなかった。父親の協力を得ようと，担当福祉司から電話を入れるが電話に出ないことが続いた。仕方なく会社に確認すると，少し前に自主退職したことがわかった。この頃から，母親の言動に一貫性がなかったり，ひどく何かに怯えたり，逆に攻撃的な態度をみせるようになっていた。被害妄想のような近隣住民とのトラブルを起こすことも増えてきたこともあり，同意は得られていないものの予告をした上で家庭訪問に踏み切った。1回目は門前払いだったが，2回目の訪問の際にようやく担当福祉司と家庭支援専門相談員（ファミリーソーシャルワーカー，FSW）だけ自宅内に入ることを受け入れた。掃除も行き届いておらず，割れた食器が散乱していたり，壁に穴が開いている箇所が何個もあったり，自宅内で喧嘩か暴力が行われていることを想像させる殺伐とした様子を目の当たりにした。また，トラブルになった人への恨みや呪いの言葉を描いた紙が窓一面に張られており狂気に満ちた様子もあった。父親は部屋に閉じこもっているようで，訪問中出てくることはなかった。家庭内の様子が不適切な環境であり外泊を進めていくどころか，母親の精神疾患の疑い，父親と母親の間になんらかの問題を抱えていることが判明した。家庭訪問後，担当福祉司から生活担当，心理担当同席の下，Aへ保護者の様子を伝え，今後の進路等本人の意向を確認した。Aは，ショックを受けているものの，面会や外泊時の様子から母親の様子が悪化してきていることをある程度予想できていた。父親については，接点も少なかったので気持ちの整理ができないと複雑な思いを抱いている様子だった。進路は高校進学のタイミングで家庭復帰することを目標にしていたが，状況を理解したAから施設から高校進学すると意思表示があった。以前であれば母親の不安定さに影響されAも不安定になることが多かったが，面談後，動揺はするものの客観的に状況を理解し，引きずられることなく落ち着いて日々の生活を送ることができていた。家庭訪問から数か月後，母親が向かいの家の門扉をハンマーで叩き割った器物損壊で警察から事情聴取を受けることになったと児童相談所からの連絡が入った。事情聴取の際，妄想や言動に一貫性が見られないことなど気にかかる様子が見られたため医療保護入院となった。母親が入院したことで，父親はようやく担当福祉司や施設職員からの連絡や面談に応じるようになり，ずっと母親から見下すような言葉を言われ続け，暴力を振るわれていたこと，それが原因で退職したこと，母親が嫌がるので母親がいる前ではAとのかかわりを持つことができず，恐怖で何もできなかったことを告白した。Aを引き取りたい気持ちはあるものの，今までの経過もあり関係性がうまく作れていないため，どうしたらよいかわからないと話したため，Aさんの意思も確認した上で，職員が助言をしながら父親との面会・外出を徐々に進めた。父親との接点が増えてくると，Aは母親と同様に父親を見下している感情があったこと，それが母親から言い含められていたことが原因であったことなどを振り返る様子が見られた。母親は治療が進み，小康状態ではあるものの安定している時間が増えた。しばらくは父親が見舞いや世話をする様子があったが，関係修復することはなく離婚した。親権については父親が持つことになった。家庭の抱えていた問題は解決したが，父親の再就職が上手くいかず，生活保護を受けることになった。Aは父親との面会・外出を重ね，父親への感情が整理されると，高校卒業後は父親の元から大学進学をしたいと希望するようになった。

大学進学をするにあたり，施設を退所して進学する児童に対する給付や奨学金を使用して学費の工面をすること，交通費等を含めそれ以外の生活に必要な費用については，本人がアルバイトをして工面することで目途が立ちそうだった。しかし，父親と同じ住所に帰ることになると同一世帯となりＡのアルバイト代が世帯収入として計算されるため，生活保護費の減額が発生することがわかった。そのため，父親の暮らす家の近所に一人暮らしをすることで世帯を分け，父親の生活保護費を維持し，大学生活を維持できるように本人もアルバイトをしつつ，住宅扶助や医療扶助等の一部生活保護を受けられるよう福祉事務所と連携を取り手続きを進めた。

Ａは，アルバイトと受験勉強を両方頑張り，得意なイラストを活かせるデザイン系の学部がある大学に無事合格した。退所後，父親と交流を持ちながら一人暮らしをして大学に通っている。

Q1. Ａの抱える問題である不登校の原因について，どのようなきっかけで推測（アセスメント）できたでしょうか。

Q2. Ａのケアプラン（自立支援計画）を立てる際に，留意していることはどのようなことでしょうか。

Q3. 家庭復帰に向けて活用した社会資源（制度等）にはどのようなものがあったでしょうか。

A1. 母親と離れて暮らすようになり初めのうちは他者に怯えたり，家庭内での過ごし方を繰り返したりする様子があるものの，登校もできており環境への適応は悪くありませんでした。地震のニュースを見た際に混乱し，過剰なほど母親の心配をする様子が見られたことから，母親と離れることへの不安（分離不安），母親の様子が心配で家から出られないという状態になっていることが推測できます。

A2. 母親からの影響を受ける生活を送っていたＡには自分の気持ちや好きなことに目を向けることができていませんでした。ケアプランではＡが子ども期に享受できる経験を積み重ねていくこと，大人に寄り添われながら壁を乗り越えていく成功体験，自己決定をすることを大切に生活が送れるように支援していくことが重要です。また，母親との接点を減らすことによって母親からの影響を最小限にして，入所前の心理状態や言動に戻ることを防いでいます。

A3. 経済的基盤を整えるため，父親とAの両方に生活保護制度の利用をしています。その際，世帯分離をすることにより，父親の生活，A自身の進路が叶うように配慮をしています。また進路支援として，社会的養護退所者の自立支援を目的とした奨学金制度を利用しています。

(2) レッスン2：被虐待児童への対応

1）施設入所の目的と対応　⇒　事例を検討するためには第2章の1節，および第3章の5節，第6章を参照

中学3年生の男児Kは，小学5年生の時に児童養護施設から児童心理治療施設に措置変更された。Kは母子家庭で育ち，3歳の時実父と死別している。Kが幼児期には，実母は父親の代わりを果たそうと，厳しいしつけを行い育ててきた。しかし，実母がしつけを行っても，Kはそれに従うことはなかった。外に遊びに出かけると，帰ってこないことが頻繁にあり，警察に捜索願を届けることもあった。就学後は集団不適応や授業時間中の離席が目立ち，特別支援学級を勧められた。

特別支援学級に入ると，集中することができず，忘れ物も多いことから担任教諭は発達障害の可能性を疑い，実母に医師などの専門家に相談するように勧めていた。このころ，在宅でも落ち着きのなさや不注意が目立ち，実母も育てにくさを感じていた。実母が児童相談所へ相談に行くと，児童養護施設への入所を勧められ，それに従った。

児童養護施設入所後，他児への暴言が頻繁に見られ，児童指導員や保育士から幾度となく指導・注意を受けていた。

ある日，Kは日ごろのストレスがたまり，その発散として公園の草むらに放火をしてしまった。その出来事など，日ごろKの対応に困っていた施設職員が児童相談所へ連絡し検討の結果，児童心理治療施設へ措置変更されることと

なった。

児童心理治療施設入所後も落ち着かない様子が半年程度見られたが，心理治療と総合環境療法などを行い，社会化を促していった。そうして徐々に，生活上の行動が安定していった。そこで，Ｋが小学６年生となり中学生になることを機に，家庭復帰を検討した。家庭支援専門相談員と個別対応職員，および児童相談所のケースワーカーが連携を取り，家庭復帰に必要な社会資源の活用と情報を集めた。そして実母と，住居がある地域への連携をはかり，家庭復帰へと導いていった。

Q1. 児童養護施設と児童心理治療施設の違いは，どのようなことでしょうか。

Q2. 落ち着きのなさ，不注意が目立つことから，Kはどのような発達障害を抱えていたでしょうか。

Q3. 家庭復帰に向けてかかわる専門職，家庭支援専門相談員・個別対応職員・児童相談所のケースワーカーそれぞれの役割はどのようなものでしょうか。

A1. 児童養護施設と児童心理治療施設の違いは，一言で表すと心理治療が行われるか，行われないか，となります。児童心理治療施設は，児童養護施設などの児童施設から日常生活に支障が生じ，心理的治療が必要な子どもが利用します。児童心理治療施設には，治療に携わる心理士が常勤しており，児童精神科医または，精神科医などの医師からの指示のもと心理治療を行います。また，この施設には看護師も勤務しており，子どもの治療的支援にかかわります。心理治療について詳しくは，第６章を参照してください。

A2. 落ち着きがないこと，不注意が目立つことから「ADHD」であることがわかります。

A3. 施設から自宅へ戻ることを，家庭復帰といいます。社会的困難を抱えた子どもは，自分の家に戻るために，たくさんの支援と子どもを取り巻く人々の理解が必要となります。そこで，対応するのが家庭復帰にかかわる専門職です。

専門職の中で欠かせないのが，児童相談所の児童福祉司です。この福祉司が，子どもの家庭復帰の判断を児童相談所で検討して，支援が始まります。次に，施設で働く家庭支援専門相談員，通称ファミリーソーシャルワーカーが，「家族」「学校」「地域」「社会福祉事務所」などへ連絡して円滑に家庭へ戻れるように関係機関と連絡調整を行います。被虐待児童が家庭へ戻る時には，個別対応職員が介入します。

子どもが，地域社会で暮らしていくための準備をそれぞれの専門職で役割分担してかかわる支援がとても大切です。

2) 支援方法　⇒　支援を検討するためには，第３章の第１節および第２章を参照

事例を通してわかるように，Ｋは被虐待児童です。また，放火などのいわゆる問題行動もあります。そこで，Ｋには生活を通して支援を行う総合環境療法と心理治療を通して，日常生活の中でＫが直面する困難に対して支援していく必要があります。

児童養護施設は，心理治療を行うことが主な利用の目的ではありません。継続してセラピー（心理治療）を受けることは難しい状況にあります。「児童心理治療施設」への措置変更を行い，心理治療を継続して行うことが有効です。そこで，児童相談所と協議をしてＫは児童心理治療施設に入所となりました。

入所したＫにまず行ったことは，夜寝る前に日記を書いて，一日の振り返りを行うことでした。これは，自分の記憶と体験（自分におきた出来事）を整理することを目的に行いました。日記を書き，自分の感情に気が付けるようになるためには，少なくとも６か月から１年という長い期間を必要とします。薬を使用するような効果はすぐには見られません。根気よく，かかわり続けることが大切です。

一日の出来事や，その時の感情を「日記に書く」ことができるようになったＫは，医療機関の受診を考えました。これは，施設に勤務する医師や職員の考えでもありましたが，K自身が「みんなと仲良くなりたい」「だから，病院に行きたい」と申し出たことも大きなきっかけです。児童心理治療施設に入所している児童の多くは，医療機関を受診しています。Kの周囲に病院受診している児童が多かったことも，申し出の要因の一つになったと考えられます。

医療機関を受診したKには，発達障害の診断がつきました。重要なことは，確定診断がついたからそれでこれまでの問題の意味がわかったと理解するのではなく，ここから具体的な支援が始められると理解することです。

Kの発達の特性に応じたかかわりができるよう施設内をはじめ，学校にも対応方法などの情報交換と話し合いを行いました。これは，Kにとって少しでも多くの成功体験を通して自己肯定感が高められるようにするためです。そのため，Kを取り巻く専門職と周囲の児童に協力を求めました。

このような支援を行うためには児童の困難さの開示が必要となります。もちろん，本人の承諾を得ることが必要です。また，児童同士，周囲からのイジメが発生しないよう周到に準備を行う必要があります。Kの場合，施設入所中であったため，登校している学校のクラス全員と個別面談を行い，詳しい説明とKへの支援協力を伝えました。学校の担任教諭の協力を得ながら，クラスで受け入れてもらえるようになったことでKは自信を持ち始めました。そこで，施設職員はKに家庭復帰の意思を確認しました。Kの返事は「自分のことをよく知らない人の中でやってみたい」と，地域社会で暮らすことを意思表示しました。そこで，家庭支援専門相談員を中心に，Kの住む地域の学校，医療機関および，子ども会，そして保護された時のことを考えて警察にも情報共有のための検討会を行い，連携を図りました。こうしてKは家庭へと戻っていきました。

Q1. 施設から家庭復帰するとき，どうして地域との連携が必要なのでしょう。

Q2. 発達障害を抱える児童の確定診断がついた後，重要な考え方はどのようなことでしょう。

A1. 家庭復帰をすることは，施設以外の地域社会で暮らすことになります。

施設でかかわりのある子どもや大人のように，支援方法を知っていたり理解をしていたり，対応の仕方がわかっているとは限りません。したがって，家庭復帰をするときには，地域社会でかかわるのであろう関係機関への情報提供や，必要に応じて，社会福祉施設の職員がサポートを行うことを事前に伝えて，連携をすることが必要です。

A2. 発達障害の確定診断がつくまでは，援助が必要と思われる人に対してどのようなかかわりが適切であるのか，試行錯誤しながら支援を行います。その支援は，人としての尊厳を大切にして，相互関係を形成しながら行います。確定診断を受けると，場合によっては診断がついたことで納得や安心をしてしまい，その診断名を意識しすぎて，マニュアル的な対応を行ってしまう時があります。例えば，ADHD の場合，多動や不注意ばかりが目立って見えてしまい，それらの支援や配慮に重点を置いてしまいます。大切なことは，人としての全体像をとらえて，どのような社会的困難を抱えているのかを絶えず知ろうとしながらかかわるように意識することです。

(3) レッスン３：発達障害への対応

1）施設入所の目的と対応　⇒　事例を検討するためには第２章，および第３章の３節を参照

小学校６年生の男児Ｆは，幼少期から落ち着きのなさや自分の思うようにならないと癇癪を起こすことが見られたが，その都度，母親が叱り，時には罰として部屋に閉じ込めたりしながら何とかいうことを聞かせていた。小学校に上がると，椅子に座っていられず奇声をあげて教室内を走り回ったり，休み時間に他児と遊んでいても急に怒り出し相手を蹴ったり，それを注意する教員に対して，茶化して挑発するような態度を取り，話を聞かないことが増えていった。その度に母親は学校に呼び出され，本児に言って聞かせるように注意を受けた。母親からの注意にも，叱られている時にはしおらしい態度を取るものの，また同じ行動を繰り返し，叱られることの繰り返しだった。学校に呼び出

される度，母親は仕事を早退しなければならず，職場での立場も悪くなって精神的にも追い詰められていった。父親は，そんな母親の様子を気にかけることもなく，Ｆの問題行動をコントロールできていないのは育て方が悪いからだと責める言動を繰り返した。母親はこのままでは虐待してしまいそうだと思い，児童相談所へ相談に行くことにした。母親の切羽詰まった様子やＦの様子から専門的なケアを受ける必要があると判断し，児童心理治療施設へ入所し，Ｆへの療育と保護者へのかかわり方の支援をすることになった。

Q1. Ｆの癇癪に対して母親がとった行為について，どのように捉える必要があるでしょうか。

Q2. 児童相談所がＦや母親の状態を見て，児童心理治療施設への入所が適していると判断したのはどのような理由でしょうか。

A1. しつけのつもりで部屋に閉じ込めるなど体罰が加えられており，行き過ぎた行為，つまり虐待と捉えることができます。

A2. 児童心理治療施設は，家庭や学校など環境上の理由によって社会生活への適応参加が困難となった子どもを入所，または通所させて，心理治療や生活指導を行うことを目的とした施設です。Ｆは発達障害に起因する不適応行動が激しくなっており，社会生活への適応参加が困難となったと判断されました。また，母親や父親のＦの発達障害への無理解からの虐待により心理的なケアを必要とする状態であると判断されたからです。

2）支援方法　⇒　事例を検討するためには第３章の６節，および第５章の１節を参照

入所当初，施設から飛び出そうとすることが頻繁にあった。Ｆに理由を尋ねると，捲し立てるように，施設に入ることに納得できていない，親は自分を捨てた，自由にゲームができないことへの不満を口にする。その都度，職員と入所の経緯やトラブルとなっていた出来事の振り返りをした。また，入所の目的

とゴールをポスターにして居室の壁に貼り，いつでも目に入り，職員と互いに確認できるようにした。施設に併設された特別支援学級へ登校をしたが，立ち歩き，教室にいられないため，教員から施設へ帰園するように言われ，言葉通りに帰ってきてしまうことも頻繁にあった。

ある日，職員と一緒にカーレースを中継するTV番組を見ている際に，猛スピードで通り過ぎる車の色や車体に書いてある文字などを読み取っていることがわかり，視覚からの情報に過敏に反応してしまうのではないかと推測した。学校の席を一番前にし，パーテーションを立てて視覚刺激を減らしたところ，立ち歩くことが減少した。他児とトラブルになる場面でも共通点があることがわかってきた。遊びの中でルールが理解できていないこと，他児と同じ遊びにうまく入れない時に相手の子に文句を言うことが多いようだった。他児との遊びに職員も加わり，ルールや周囲の行動の意図等を解説しながらであれば，癇癪を起こさずに楽しく遊ぶ様子が見られるようになった。繰り返し苦手な場面や困っていることなどをＦと確認し，言語化して，対処方法を一緒に考えていった。夕方になるとテンションが高くなりやすい様子が見られたが，他の場面で気持ちや状況を言語化していくことを繰り返すうちに，ぶつ切りの言葉ではあるが自分で説明をするようになった。夕方は仕事から帰宅した母親に叱られていた時間帯であり，部屋に閉じ込められ怖かったこと，なぜ怒られているのかわからなかったことを話した。こうして集まった情報や判明した苦手な場面等を整理し，家庭に戻ってからもできる工夫とかかわり方のコツをまとめていった。また，Ｆ本人が過刺激に対する苦しさを訴えていたため，受診し服薬することで緩和させることができないかも合わせて検討した。

母親に，施設の生活の中でわかってきたＦの特性と職員が行った配慮やかかわり方の留意点などを伝えた。同様の内容を書き記した紙も渡し，父親にも情報共有して欲しいと依頼した。ただ，病院受診について同意を得ようと説明すると，頑なに「父親もそっくりだけど社会の中で仕事して生きていけているので，Ｆもきっと大丈夫なはず。薬とか手帳とか必要ありません」と拒んだ。家庭復帰をめざしていくためには，自宅に戻ってからも社会スキルを身につけていく上で福祉サービスに援助をしてもらう必要があり，費用等の面においても障害者手帳の取得ができるのであれば負担が少なくなることなど説明をした。Ｆからも直接，視覚過敏がつらいことを母親に伝えると，受診することに同意した。

病院を受診し，発達障害の診断を受け，薬物療法を開始すると，Ｆ自身で感情やテンションをコントロールできるようになってきた。家庭復帰に向けて，通う予定の中学校には，施設で実施していた配慮等の情報提供，困った場面が出た際には連携して対応するので施設へ連絡をいれて欲しいことを伝えた。また，本児と母親も同行し，放課後等デイサービス事業所の見学をして，サービス利用契約の相談をした。今後の相談先として，就労までのサポートを見越して，発達障害者支援センターの職員との顔合わせも行った。

家庭復帰してからの様子は，学校での不適切な行動はあまり見られないものの，Ｆ自身の体調不良で欠席することが多くみられた。無気力になり，手足に力が入らなくなるようで，疲れが蓄積するとストレスから身体症状として体調不良になるようだ。施設にいるときには，他児と体を動かして遊ぶ，職員と話をして気持ちの整理をするなど発散する方法があったが，家庭に戻ってからは発散したり，気持ちの整理をしたりする場面が減ってしまったことが原因だった。母親と話す時間もしくは交換日記をして気持ちの言語化をすることと，本児が好きな運動ができるスポーツクラブに通うことを提案した。

意識的に疲れをためないようＦ自身も母親も気にかけながら過ごしていき，適応場面が増えていった。高校への進学は，個別の配慮の手厚さや集団活動の苦手などから昼間定時制の高校へ進学をすることになった。

Q1. Ｆの発達障害の特性とそれに対する配慮は何がされているでしょうか。

Q2. 家庭復帰に向けて（リービングケア），どのような関係機関との連携を図っているでしょうか。

Q3. 退所後のＦの様子は，どんなことが起こっていると考えられるでしょうか。

A1. 1つ目は，視覚の過敏性があります。環境への配慮としては，特に学校場面で着座していないといけない場面などは集中しやすいようにパーテーション等を利用し，視野に入る情報を減らしていくことができます。反面，視覚情報の方が入りやすいという強みもありますので，必要な情報を紙に書いて見えるところに貼っておくなどすると生活のルールなどの理解を助けることもできます。2つ目は，想像力の障害があります。遊びの中では暗黙の了解で流れが展開されていくことが多々あります。そうした場面で，他者が意図していることや先の見通しなどを理解することが難しいです。職員が仲介して，それらの意図や見通しを言語化し，理解しやすいように説明することで，子ども同士の輪の中へ入っていけるきっかけを作ることができます。

A2. まず，発達障害の症状への対処として薬物療法を視野に医療機関受診，確定診断がでれば障害者手帳の取得も視野に入れて福祉サービスが受けられるようにしています。家庭復帰した時に通う予定の中学校へ，特性や対応方法等の情報提供をしています。夕方の時間帯は不調であることが多いため，支援を受けられる場所を確保しておくとよいと考え，放課後等デイサービスの利用に向けた施設見学，利用申請手続きのサポートをしています。今後の進路や問題を抱えた際の相談窓口として，発達障害者支援センターへ顔合わせに出向き連携をしています。

A3. 新しい環境へ適応できるまでに，少し時間がかかるため，刺激に耐えたり，理解しようと考えたりしてエネルギーを消耗して疲労している状態だと考えられます。また，正しくエネルギー発散できる場面であった他児と体を動かして遊ぶ，職員と振り返り気持ちの言語化をしていたことがなくなり，代わりの行為が見つけられなかったことも原因として挙げられます。こうした状態が長く続いてしまうと，引きこもりやうつ病などの問題を引き起こす危険があります。

第9章

セルフ・ストレスマネジメント（ストレスで離職しないために）

対人援助職は，自らの専門性を用いて支援を必要とする人々にかかわります。これまでの各章で述べてきたように，物的人的社会資源，制度や法律，および専門技術を用いてクライエントの問題解決のために奔走します。それは時に，葛藤や疲弊感をもたらすこともあります。

ここでは対人援助職を目指す，または対人援助職にあるみなさんが，ストレスを抱えた時に，どのような対応をすれば良いのか。また，離職しないようにするためには，どのようなことを意識して取り組めば良いのかについて，解説していきます。

1 ストレスマネジメントの目的

社会的養護，とりわけ発達障害や虐待を受けた可能性がある児童にかかわる対人援助専門職らは，その障害の特性や被虐待体験からもたらされる問題行動に介入[注1)]しています。公立の保育・療育機関で働く保育者を対象とした現任者研修[注2)]において，対人援助専門職はその介入により傷つき疲弊している状況にあることが大きな話題となりました。研修に参加した対人援助専門職の感想アンケートを見ると，かなりのストレスを抱えていることがわかりました。さらに，経験年数によりストレス解消法が異なっていることも伺えました。

ミルトン・メイヤロフ（Milton Mayeroff）は『On Caring: ケアの本質』の中で，ケアの概念について「ケアするという概念は，信頼，正直，謙遜という他の意味深い概念との関係を明らかにすることによっても展開される」[1)]と述べています。つまり，ここに述べられている関係とは「仲間」同業者の共感を加えることによって，さらにケアする者同士のケア関係が成立することを示しています。また，メイヤロフは自分に対するケアについて「相手に忍耐を示すと同時に，自分自身に対しても忍耐せねばならない。相手および自分を知り，理解し，発見する機会を自分自身に対して作っていかねばならない。ケアする機会を自分自身に対しても作ってやらねばならないのである」[2)]と，セルフケアの大切さを述べています。

そこで，この最終章では社会的養護を必要とする児童とかかわる対人援助専門職は，どのようにストレスに対処しているのか，当たり前の「常識」と思われる，意識をせずに何気なく行われがちな日常生活に埋め込まれている行為に着目することにより，セルフ・ストレスマネジメントの方法が見えてくるのではないかと仮定し，考察していきます。

2 児童の問題行動と対人援助専門職のストレスとの関係

児童がもたらす問題行動は，他者への身体的暴力や物にあたる，暴言および，自傷行為などです（図表９－１)。その中でも，とりわけ対人援助専門職に大きなストレスをもたらす行為は暴力です。この暴力という問題行動に対応することは，社会的養護を実践する対人援助専門職にとって，業務の一つとなっています。

対人援助専門職は児童の暴力という行為を軽減もしくは解消させることに日常取り組んでいます。とりわけ，被虐待児童は安全で安心な環境に保護されると問題行動を表出するようになります[注3)]。

このことについて児童精神科医である杉山は「被虐待児童は記憶の断裂や意識状態の変容，解離性の幻覚，別人格へのスイッチングなどが日常的に認められ，攻撃的行動が頻発する。過覚せい状態による多動，易刺激性が常在するだ

図表９－１　児童の問題行動分類

	問題行動・暴力の種類
1	他者への身体的暴力
2	物にあたる・器物破損
3	暴　　言
4	自傷行為

出所：筆者作成。

けでなく，感情コントロールの不全があり，さらに何よりも被虐待児は，暴力による虐待的な支配，被支配といった対人関係を反復する傾向を持つ。行為によるフラッシュバックとしても攻撃的行動が生じる。実に些細なきっかけで衝動的な暴力を繰り返し，大暴れをするが，その後，その行動の記憶はなく，また同じ行動を繰り返す」[7] と解説しています。

不適切な対応を受けてきた児童にとっては，この問題行動は対人援助専門職との相互関係を引き起こす契機となっています。

図表９－１は児童の問題行動，とりわけ暴力行為を出現の多い順にまとめたものです。社会的養護にかかわる対人援助専門職らは，このような児童の問題行動に対応しています。

3 子どもに対応する対人援助専門職の実情

ここから対人援助専門職に焦点をあて，児童がもたらす問題行動に感情労働と依存労働で疲弊した自己をどのように回復させているのかを見ていきます。

感情労働とは，ホックシールド（Hochschild）によれば「公的に観察可能な表情と，身体表現を作るために行う」[10] と定義しています。また，依存労働について，エヴァ・フェンダーキティ（Eva Federkittay）は「脆弱な状態にある他者を世話（ケア）する仕事である。依存労働は，親密な者同士の絆を維持し，あるいはそれ自体が親密さや信頼すなわちつながりをつくりだす」[11] と定義しています。

図表９－２は，現任者研修に参加した対人援助専門職を経験年数別にまとめたものです。参加者は総数50名でしたが，研修後の感想アンケートに答えた対人援助専門職は48名でした。

図表９－３は，感想記録データの中から，疲れやストレスを感じたときの対応方法について，記述された行為を抽出し分類したものです。

図表９－２ならびに図表９－３の感想記録データから明らかになったことは「話す」「寝る」「食べる」という行為が多く取り入れられていることです。そ

図表９－２　対人援助専門職の実務経験年数（N＝50）

経験年数	人数	備考
1年未満	3	
1年以上　10年未満	24	
10年以上　20年未満	14	うち管理職２名
20年以上　30年未満	9	
30年以上	0	

出所：筆者作成。

図表９－３　対人援助専門職が行っているセルフケア

方　法	経験年数		
	10年未満	10年以上 20年未満	20年以上 30年未満
家族・友人と話す	18	1	0
同僚と話す	0	16	8
寝る	8	5	2
食べる	4	16	8
マッサージに行く	8	1	0
美容院に行く	4	7	5
歌う	4	1	0
運動する	4	0	3
泣く	0	1	1

出所：（重複回答あり）筆者作成。

して，とりわけ特徴的なことは，他者に話す行為には経験年数によって対象者に差異がある，ということがわかりました。ここでいう他者に話す内容は，とりわけ家族や友人の場合，業務とは関係のない日常的な会話のことを指します。

経験年数が10年未満と10年以上の人数割合は同等ではありませんが，経験年数10年未満の対人援助専門職らは，家族と友人に最も多く話をしています。一方，10年以上の経験者は家族と友人よりも職場の同僚に対して多く話をしていることが見られます。このことから，対人援助専門職らは経験年数によって取り入れている方法は同じでも，その対象や優先順位が異なることが明らかとなりました。

10年以上の経験者が取り入れている方法と順序は「同僚と話す・食べる・寝る」となっています。これは，20年以上の経験者も同様です。しかし，経験年数が10年未満の対人援助専門職を見ていくと，その順位は「家族，友人と話す・寝る・食べる」となっており，話す対象者に差異が認められました。

4 ストレスの解消方法

1）経験知から見られる話すという方法

ここから，考察を加えて解説していきます。ここでいう経験知とは，日常生活のさまざまな経験や社会での種々の見聞を通して，直接に体得した知識や知恵のことを指しています[12) 注4)]。

話すという方法について，10年未満の対人援助専門職は家族と友人に多く話をしているのに対して，10年以上の経験者は同僚と最も多く話をしています。同僚と話す場合では，起こった出来事の内容や個々の抱えている問題をより多く共有しあっており，ストレスの軽減に役立っているため，取り入れているのであろうと思われます。なぜなら，このことを実践している対人援助専門職の経験年数は全体的に見ても長いからです。つまり，長期間社会的養護にかかわる対人援助専門職は，これまで培った経験知に基づき，ストレスマネジメントを実践し，有効な方法を取り入れているといえます。

このことについて，メイヤロフ（Mayeroff）は，自分以外の他者による自己への介入によるケアについて「自己へのケアは，自己以外の何者か，あるいは誰かをケアする必要があることも意味しているのである」[13]と述べており，自身のケアは他者への介入や他者からの介入による相互作用を通して，より有効に働くことを解説しています。

現任対人援助専門職らが，その経験知から実践している話す行為は，ケアする者同士で自己のケアの在り方を探究することは大切なケア行為であること，そして，他者と感情を共有し，されることによってケアされ，発展することでケアの連続性につながることが示されています。さらにメイヤロフは「自分が純粋に興味を持つ事柄を中心に自分の時間を調整する（中略）ケアする人々は，ほかの人のするケアを尊重し，それを相手の中で鼓舞して発展させていくものである」[14]とも述べており，仲間同士の他者との関係の中で相互関係を通してケアしあうことの有効性を示しています。

他者に話をして，そして聞いてもらう。すなわち，言葉として声に出し，次に食べてそして，寝るという行為は，ストレス症状と照らし合わせるとその症状の診断基準とは反対の行為を優先しています。つまり，ストレス症状に当てはまらないように行為を選択して実践していることがわかります。このことから，対人援助専門職らはその経験知に基づき，ストレスマネジメントを行っているといえるでしょう。

2）話すという方法とストレスコントロール

厚生労働省の「労働者の疲労蓄積自己診断チェックリスト」[16]によれば，はじめに仕事の量，時間，職場の人間関係，働き甲斐など仕事に関する状況についてチェックしています。次に，怒り，イライラ，不安，落ち着かなさ，不眠，疲れやすさなどの精神面と身体状況についてチェックする項目が設けられています。これらは，うつ病の診断チェックに重点がおかれたものであり，意識していることがうかがえます。

ICD-10[注5)]によれば，うつ症状は「ひどく疲労を感じるのがふつうである。睡眠は障害され，食欲は低下する」と診断基準を示しています。DSM-5[注6)]にも，同様に診断基準が示されています。ストレスからうつ症状を呈することは多く見られることです。

社会的養護にかかわる対人援助専門職の離職率は，厚生労働省による「統計情報部平成25年社会福祉施設等調査」[7)]によれば，「経験年数が低い層の対人援助専門職が多く，7年以下の対人援助専門職が約半分で10.3%であり，私営保育所においては12.0%となっている」[18)]と統計データを公表しています。また，離職理由は「自身の健康・体力への不安」となっています。この厚生労働省の統計データから見ても，経験年数の長い対人援助専門職が用いている方法には有効性があることがうかがえます。

ストレスをコントロールするために，対人援助専門職同士のコミュニケーションすなわち，話すという方法は個々の経験を組織化するフレームアナリシスの構造を形成しているといえます。少し難しいですが，ここでいうフレームアナリシスとは，社会学者であるゴフマン（Goffman）のいう社会と個人の関係を明らかにする社会学におけるパースペクティヴのことを意味します。簡単に解説すると，状況を理解し，その中でとるべき行動を認知したり選択したりする枠組みのことです。

ゴフマンはフレームについて「その場の参加者が経験を組織化する際の参照点を確認する枠組み」[19)]と述べています。すなわち，個々人の感情もフレームにおいて組織の枠組みと捉えなおすと述べていることになります。ここでいう組織とは，専門職らが所属している組織（集団）のことを指します。つまり，仲間や同僚となります。ストレスというリスクはコントロールという概念を通じてマネジメントと結びつくのです。このことから，同僚とストレスをコントロールする目的で話をすることの意味が認められるのです。自身の感情を管理することは，自身のケアないしは，コントロールすることで安心と安全を保ちます。

3）感情労働と感情管理

ホックシールド（Hochschild）は前述のとおり，「感情労働（emotional labor）」という用語を「公的に観察可能な表情と，身体表現を作るために行う感情管理」[20]という意味で用いています。感情管理とは「自分の感情を操作する努力のことをいう。感情自体を発生，変更，抑圧する」[21]ことを意味しています。

ここから，対人援助専門職の感情労働について，ホックシールドの概念にそって解説していきます。職業と感情労働について，ホックシールドは次のように述べています。

「感情労働が求められる職業は共通する３つの特徴を備えている。まず第１に，このような職種では，対面あるいは声による顧客との接触が不可欠である。第２に，それらの従事者は，他人の中に何らかの感情変化を起こさせなければならない。第３に，そのような職種における雇用者は，研修や管理体制を通じて労働者の感情活動をある程度支配するものである。また，当然のことながら（中略）そのような労働が仕事の一部であるということを了解している」[22]。

対人援助専門職は，体調がすぐれず，精神的につらい状況に置かれていても感情労働の正しい遂行を遂げるために耐えていることもあります。その際立った一例は，保護者や利用者からの苦情です。不愛想な職員からきつい言葉で叱られた，というのが特徴的でしょう。つまり，この一例があらわす正しい遂行とは，サービスを受ける側，社会的養護ないしは保育を受ける側の印象が悪くならないことを意味しています。このことについて，ホックシールドは保育者を例に挙げて次のように解説しています。

「保育者の感情に対しても，親たちは多種多様な期待を抱く。ある親はわが子に『教育的な経験』をさせたいと望み，ある親は対人援助専門職に，子どもの温かみや身体的接触を与えてほしいと望む。またある親は，保育者が子どもに対して親と同様の感情を抱くことを期待し，それゆえより高度なことを要求する」[23]。

こうしたケースは，特に所属する職場の保育方針や保育者の経験年数により保護者との間に差異が生じ，感情が釣り合わないことがあります。「感情的な負担を伴う職業は，どの社会経済的階級にも存在する。しかし，そのような負担は，感情労働の実質的な遂行とさほど密接な関係を持たない。」[24] つまり，対人援助を行う人が自らの感情をどのように処理しているのかは，組織として取り扱われるものではなく，階級や立場によって「目の前の仕事に集中するために自らの感情を抑えているかもしれない」[25] し，抑えなくとも済ませることができるかもしれない，ということを述べています。

ホックシールドに従えば，サービス業は「人が他者に対して個人的に振舞わなければならない職種」[26] と位置付けられます。対人援助専門職の多くは国家資格を有した専門職です。そして同時に，ホックシールドがいうところの感情労働を伴うサービス業でもあるということになります。「サービス労働は他者に依存し，他者の自由裁量に左右される仕事だと感じられている」[27]。報われない，隠された痛みにさらされた時，どのようにセルフマネジメント，自己の感情をコントロールするのかが問われるのです。

4）感情管理とジレンマ

対人援助専門職などが行う対人援助の中で，信頼や親切を当たり前とみなされがちな儀礼において，いったん間違いが生じると，感情労働がもたらす極めて重要なジレンマという作用を引き起こします。

このジレンマについて，ホックシールドは「職務に対して３つのスタンスをとるが，それらにはそれぞれのリスクがある。第１は，労働者があまりにも一心不乱に仕事に献身し，そのため燃え尽きてしまう危険性のあるケース。第２は，明らかに自分自身を職務と切り離しており，燃えつきてしまう可能性は少ないが，しかし自分を自分の職務から切り離していることで『私は演技をしているのであって不正直だ』と自分を非難する可能性のあるケース。そして第３は，自分の演技から自分を切り離しており，そのことで自分を責めることもなく，自分の職務は演じる能力を積極的に必要としているのだと考えるのだが，このようなタイプは演技することから完全に阻害され『私たちはただ夢（理想）を売っているだけだ』と皮肉な考えをもってしまう危険なケースである」[28]。

つまり，これらのリスクは，保育者らが自らの職業生活において日常で感情コントロールする意識を持ち合わせることができるなら，陥ることを免れることができるジレンマである，といえます。「自身をケアするためには，自分自身を他者と感じることができなくてはならない」[29]のです。また，ケアを通して，自分の能力のみならず，自分の限界が本当に理解できるようになります。つまり，「私に限界があって憤ったり，美化すべきではなくて，私の能力を上手く活用することによって誇りを持つことができるのである」[30]。

このように，メイヤロフもまたジレンマは起こりうることであり，自己理解は自己受容によってもたらされるものであることを述べています。そして，感情管理，すなわちケアをするとは，自己の諸々の欲求を満たすために，他者を単に利用することとは正反対のことを指します。他者の力を借りて，補い自他ともにマネジメントしていくのであるといえます。

5）依存労働と相互ケア

ここから依存労働について，ケアと関連させながら解説します。前述しましたが，エヴァ・フェンダーキティは依存労働について次のように述べています。

「依存労働は，脆弱な状態にある他者を世話（ケア）する仕事である。依存労働は，親密な者同士の絆を維持し，あるいはそれ自体が親密さや信頼すなわちつながりをつくりだす」[31]つまり，依存労働とは他者からのケアを受けないとうまく生きていくことができない人のケアをする仕事です。弱さを抱えた人の依存を引き受ける仕事である，と述べています。そして，さらにキティは「ケア関係での相互依存はありうるだけではなく，むしろ普通であり，ケアは同時に交換される」[32]と，依存労働は相互作用によりケアする者同士が交換可能なケアを行っているとも述べています。

対人援助専門職は，社会的養護を必要とする児童に依存され，それを引き受けます。そのことにより傷つき，疲弊した気持ちは同じフレームの中に存在する同僚に依存し，ケアされていくのです。ケア提供者のためのケアは，ケアを行う者同士の感情労働と依存労働の共有により，成り立つといえます。

メイヤロフは先にも触れたように，ケアについて次のように述べました。「相手および自分を知り，理解し，発見する機会を，自らに対して作っていかねばならない。ケアする機会を自分自身に対しても作ってやらねばならないのである」[33]。

対人援助専門職らは自らが抱えるストレスを共有することで感情労働や依存労働の軽減を行い，ストレスマネジメント[注7]しているといえます。

5 相互行為のケア

社会的養護にかかわる対人援助専門職を取り巻く傷つきのケアはいまだ確固たる方法は構築されていません。本章では対人援助専門職自身が，その経験知から培ってきた日常の中に埋め込まれている方法を明らかにすることによって，今後のストレスマネジメントの在り方を探索してきました。他者，とりわけ職場の同僚に話すという行為は，他者からケアされることも意味します。同僚からの働きかけにより，語られた言葉とその意味合いが語り合う者同士の共感を得られることによりケアが成立可能となっていくのです。そこには，顔による表現やしぐさなどであらわされるフェイスワークのような共感的表情も伴うものです。

本章で取り上げた社会的養護にかかわる対人援助専門職により経験として蓄積され実践されている知見，セルフ・ストレスマネジメントは次のとおりです。

同僚を中心とした他者へ，声として表出し話す。ストレス症状の基準を認識し，意識して食べて，そして寝ることです。これらの行為は，先にも述べたように，他者からケアされることも意味しているのです。

6 まとめ

筆者が，ここまで述べてきた知見は，社会的養護を実践する現任対人援助専門職らによって培われてきたものです。現在のストレス疾患，診断基準として定められている症状と対をなす行為に日常積極的に取り組むことでストレスマネジメントの一つ，予防対策となるのではないでしょうか。

日常生活の中に埋め込まれている，当たり前の「常識」と思われている方法に着目することにより，対人援助専門職らがどのようにストレス耐性をつけ，または，乗り越えているのかを考察してきました。これらはあくまでもケアの表層に過ぎませんし，セルフケアの一部分です。したがって，この知見を断定することはできません。なぜならば，得られたアンケートデータの数が少なく，その効果を実証するには限界があるからです。しかし，これまでに現任対人援助専門職らの声をつぶさに拾い，検討された研究は多くはありません。その意味で本章で述べてきたことは，今後のストレスマネジメントの方法を探索する上で，必要な資料となり得ると考えられます。ぜひ，皆さんも実践してみてください。

【注】

1）問題行動：本文で児童の暴力について述べたが，ここでは対人援助専門職による対応について記述する。児童の暴力に対応する手段として，対人援助専門職らは６種類の方法を用いて児童の社会化を促している。その方法をまとめると下記の通りとなる。

①注意・声かけ
②感情の代弁・誘導
③行動変容の促し・働きかけ
④身体抑制
⑤傾聴・寄り添い
⑥何もしない

この6種類の介入方法は児童の問題行動分類と同様に，筆者が2015年に社会的養護施設において作成された6年分の児童生活記録の中から，対人援助専門職の対応を分類し抽出したものである。また，⑥の「何もしない」について，対応方法として取り上げた理由は，メイヤロフが『On Caring: ケアの本質：40：2017』の中において「何もしない，ということも行動することのうちである」と述べているからである。

2）現任者研修：中部地区のX市で開催された公立施設に勤める現任保育者研修のこと。経験年数1年目から30年以上の職員50名が参加した。

3）被虐待児童は安全で安心な環境に保護されると問題行動を表出するようになる：ここでいう問題行動とは一般的な試し行動は含まない。被虐待児童は，自らの体験をフラッシュバックなどにより再体験し，その影響から安心できる対象者に対してかかわりを求める。そのかかわりの仕方が自らの体験を通したものであるため，時に叩く，蹴る，暴言を浴びせるなどの暴力となって表出される。また，適切に愛着形成をしていないため，反応性愛着障害または類似の状態になっている児童も少なくない。ここでいう反応性愛着障害とは「生後5歳未満までの間に，親または親に代わる保護者との間で情緒的な絆を形成するに至らなかった結果生じる」定義を基準にしている。

4）経験知：ここでいう経験知とは，日常生活のさまざまな経験や社会での種々の見聞を通して，直接に体得した知識や知恵のことである。経験したことで得た知識，特に仕事現場などで培われた勘や感覚などとして体得され，文章や数値として表現しにくい形式の知識のことを指し暗黙知ともいう。マイケル・ポランニーは「暗黙知は内在化によって包括＝理解を成し遂げること，さらにすべての認識はそうした包括の行為から成り立っている，もしくはそれに根ざしている」（『暗黙知の次元』，p.94）と解説している。

5）ICD-10：「精神および行動の障害診断基準」
世界保健機構（WHO）は，1983年に国際疾病分類第10改訂版準備会議を持ち，1991年5月の総会で可決採択された。日本国内では1995年1月から「疾病，傷害及び死因の統計分類」として公的利用が始まった。特徴は疾病を分類しコード化したことにある。参考資料としてうつ病コードを記載する。
F32.　うつ病エピソードとして分類されている。
F32.0. 軽傷うつ病エピソード
F32.1. 中等症うつ病エピソード
F32.2. 精神病症状を伴わない重症うつ病エピソード
F32.3. 精神病症状を伴う重症うつ病エピソード
F32.8. 他のうつ病エピソード
F32.9. うつ病エピソード，特定不能のもの

6）DSM-5：「精神疾患の分類と診断の手引き」
臨床家が臨床評価，症例定式化，治療評価の立案を行うよう作成された診断マニュアル。DSM-5は，法廷や弁護士が精神疾患の司法的結果を評価するための参考として用

いられる。

精神疾患の定義は臨床家，公衆衛生の専門家，研究者の要求を満たすよう作成されたことに留意することが重要である。また，DSM-5 は，どれか特定の精神疾患の治療指針を示しているものではない。

7）ダナ・ハラウェイは，ストレスについて生態学の立場から「この宇宙にあって，あらゆるタイプの構成成分に影響を及ぼす特権的な病理は，ストレス，すなわちコミュニケーション・ブレイクダウンである」[34] と述べている。したがって本論で取り上げるストレスマネジメントの一つの方法である他者に話す行為は，コミュニケーション・ブレイクダウンに陥らないための行為と位置付けられる。

身体／生体においては，ストレスは免疫系の「機能低下」によって作動するものとして理論化されている。

引用文献

1）Milton Mayeroff, On Caring, Harper & Roe（1971）田村　真訳（2017）『ケアの本質―生きることの意味―』ゆるみ出版，p.31。

2）Milton Mayeroff，前掲書 [1)]，p.45。

3）瀧井綾子・伊藤大輔（2021）「社会的養護施設職員の養育行動とバーンアウトおよび職務満足感との関連」『ストレスマネジメント研究』pp.49-59。

4）田代友里子（2018）「社会的養護施設職員に対するリラクゼーション法を用いたストレスマネジメントプログラムの開発と有効性の検討」『岩手大学人文社会科学研究科紀要』p.1。

5）田代友里子，前掲書 [4)]，p.10。

6）田代友里子，前掲書 [4)]，p.11。

7）杉山登志郎（2007）『子ども虐待という第四の発達障害』学研，pp.121-122。

8）西田　篤・下高呂陽士・野村雄介・西尾哲也（2015）「全国情緒障害児短期治療施設における児童の臨床統計厚生労働省主問題分類」『心理治療と治療教育全国情緒障害児短期治療施設協議会研究紀要』p.77。

9）石垣儀郎・片桐雅隆（2017）「情緒障害児短期治療施設におけるソーシャルワークにおける研究」『中京大学社会学研究科社会学論集』第 16 号，p.81。

10）Arlie Russel Hochschild, The Managed Heart（1983）Commercialization of Human Feeling, University California Press, 石川　准・室伏亜希訳（2014）『管理される心　感情が商品になるとき』世界思想社，p.7。

11）Eva Feder Kittay, Loves Lobor: Essays on Women, Equality, and Dependency（1999）岡野八代・牟田和恵訳（2015）『愛の労働あるいは依存とケアの正義論』現代書館，p.85。

12) Michael Polanyi, THE TACIT DIMENSION（1964）高橋勇夫訳（2012）『暗黙知の次元』ちくま学芸，p.94。
13) Milton Mayeroff, 前掲書[1)]，p.106.
14) Milton Mayeroff, 前掲書[1)]，p.112.
15) 大澤真幸・吉見俊哉・鷲田清一編（2012）『現代社会学事典』弘文堂，p.723。
16) 厚生労働省「労働者の疲労蓄積自己診断チェックリスト」 https://www.mhlw.go.jp/topics/2004/06/dl/tp0630-1a.pdf（2022. 9 閲覧）
17) 厚生労働省統計情報部社会福祉施設等調査 https://www.mhlw.go.jp/file/05-Shingikai-11901000-Koyoukintoujidoukateikyoku-Soumuka/s.1_3.pdf（2022. 9 閲覧）
18) 厚生労働省（2022）前掲書[16)]。
19) E. Goffman: behavior in public places: The Freepress（1963）丸木恵祐 . 本名信行訳（2021）『集まりの構造』誠信書房。
20) Arlie Russel Hochschild, 前掲書[10)]，p.7.
21) 濱嶋　朗・竹内郁郎・石川晃弘編（2015）『社会学小辞典』有斐閣，p.957。
22) Arlie Russel Hochschild, 前掲書[10)]，p.170.
23) Arlie Russel Hochschild, 前掲書[10)]，p.170.
24) Arlie Russel Hochschild, 前掲書[10)]，p.177.
25) Arlie Russel Hochschild, 前掲書[10)]，p.178.
26) Arlie Russel Hochschild, 前掲書[10)]，p.196.
27) Arlie Russel Hochschild, 前掲書[10)]，p.196.
28) Arlie Russel Hochschild, 前掲書[10)]，p.214.
29) Milton Mayeroff, 前掲書[1)]，p.104.
30) Milton Mayeroff, 前掲書[1)]，p.58.
31) Eva Feder Kittay, 前掲書[11)]，p.85.
32) Eva Feder Kittay, 前掲書[11)]，p.86.
33) Milton Mayeroff, 前掲書[1)]，p.45.
34) Donna J. Haraway, Simians, Cybors, and Women: The Reinvention of Nature, Routlege（1991）高橋さきの訳（2020）『猿と女とサイボーグ』青土社，p.404。

索　引

A－Z

ADHD……81
EMDR……123
LGBT……72
PTSD 症状……123
SDGs……68

ア

アウトリーチ……145
アスペルガー障害……79
アセスメント……145
新しい社会的養育ビジョン……108
あたりまえの生活……22
アドミッションケア……153
アフターケア……154
石井十次……7
石井亮一……7
依存労働……182
一時保護……29
遺尿症……121
医療型……26
インケア……153
インターベンション……146
インテーク……145
エバリュエーション……147
エリクソン……75
エリザベス救貧法……14
岡山孤児院……7

カ

介護福祉士……33
介護保険法……97
解離症状……123
家庭学校……7
家庭支援専門相談員
（ファミリーソーシャルワーカー）……37
家庭的養護……105
家庭養護……105
感情管理……188
感情労働……182
ケアプラン……155
経験知……184
言語聴覚士……39
厚生労働省……53
公認心理士……120
広汎性発達障害……82
国民皆保険・皆年金体制……11
子育て世代包括支援センター……31
こども家庭庁……51
子ども虐待……55
子どもの貧困……44
———対策の推進に関する法律……46
個別対応職員……38
コミュニティ……148

サ

作業療法士……39
里親支援専門相談員
（里親支援ソーシャルワーカー）……37

ジェンダー……68
施設養護……105
慈善組織協会
（COS：Charity Organization Society）……15
市町村保健センター……30
児童家庭支援センター……28
児童虐待の防止等に関する法律……55
児童虐待防止法……97
児童厚生員……36
児童指導員……35
児童自立支援施設……24
児童自立支援専門員……36
児童心理治療施設
（旧：情緒障害児短期治療施設）……25
児童生活支援員……36
児童相談所……29，53
児童手当……99
児童発達支援センター……27
児童福祉司……34
児童福祉法……10，92
児童扶養手当……100
児童養護施設……21
———運営指針……22
社会的養護……104
———の課題と将来像……108
社会福祉士……33
社会福祉事業法……10
社会福祉主事……35
社会福祉法……94
社会保障制度に関する勧告（50年勧告）……98
恤救規則……6
障害児入所施設……25
障害児福祉手当……100
障害者基本法……96
障害者総合支援法……14
障害者の日常生活及び社会生活を
総合的に支援するための法律
（障害者総合支援法）……96
ジレンマ……188
新エリザベス救貧法……15
親権……102
親族里親……106
身体障害者福祉法……10，92
身体的虐待……55
心理検査……120
心理治療担当職員……38
心理的虐待……56，122
心理療法……122
ストレス……184
———コントロール……185
———マネジメント……180
スーパーバイザー……129
生活困窮者自立支援法……97
生活保護（制度）……47，49，101
———法……10，93
精神薄弱者福祉法……12
精神保健及び
精神障害者福祉に関する法律……95
精神保健福祉士……33
生存権の保障……10
性的虐待……56
セツルメント……16
セルフケア……136
全国社会福祉協議会……9
専門里親……105
相互ケア……189
相対的貧困……44
ソーシャルインクルージョン……5
ソーシャル・キャピタル……148
措置……29

タ

滝乃川学園……7
ターミネーション……147
知的障害者福祉法……93
トインビーホール……16

特別児童扶養手当……100
特別養子縁組……108
留岡幸助……7
トラウマ……123, 134
――インフォームド・システムズアプローチ……130

ナ

ナショナル・ミニマム……16
ニイリエ, ベンクト……5
日本国憲法……10
乳児院……20
人間性心理療法……123
ネグレクト……56
野口幽香……7
ノーマライゼイション……4
――の8つの原理……5

ハ

バイスティックの原則……113
発達障害……73, 76, 122
――者支援センター……31
――者支援法……95
バーネット夫妻……16
ピアジェ……74
ひとり親家庭……60
フェンダーキティ, エヴァ……182
フォスタリング機関……108
フォローアップ……147
福祉型……26
福祉三法……10
福祉事務所……30, 53
福祉六法……12, 92
二葉幼稚園……7
普通養子縁組……108
プランニング……146
ベバリッジ報告……16
保育士……32
保育所……28
保健所……30
母子及び父子並びに寡婦福祉法……93
母子支援員……36
母子生活支援施設……23
母子福祉法……12
ホックシールド……182

マ

ミケルセン, バンク……5
民生委員制度……9
メイヤロフ, ミルトン……180
モニタリング……146
森嶋　峰……7

ヤ

養育里親……105
養子縁組里親……106
幼保連携型認定こども園……28

ラ

リエゾン（liaison）地域援助的支援……127
理学療法士……39
力動的心理療法……123
リッチモンド……140
リービングケア……154
臨床心理士……120
老人福祉法……12, 93
ロールシャッハテスト……121

ワ

ワーカー, クライエント関係……143

≪編著者紹介≫

石垣儀郎（いしがき・よしお）

担当：第１章１節・２節，第２章１節，第３章１節・２節・６節，第５章１節，第８章レッスン２，第９章１節〜６節

現在：名古屋学芸大学大学院　子どもケア研究科

専門は，社会学・社会福祉学

【主要著書】

『増補改訂版　子ども虐待への心理臨床』（共著）誠信書房。

『新しい社会的養護とその内容』（共著）青踏社。

『新・子ども家庭福祉』（共著）教育情報出版。

『現代児童家庭福祉論』（共著）ミネルヴァ書房。他

≪著者紹介≫

海野千畝子（うんの・ちほこ）

担当：第６章

現在：兵庫教育大学大学院　連合学校教育学研究科

専門は，心理学・臨床心理

【主要著書】

『教師のための高機能広汎性発達障害・教育マニュアル』（共著）少年写真新聞社。

『講座　子どもの診療科』（共著）講談社。

『増補改訂版　子ども虐待への心理臨床』（共著）誠信書房他多数。

横井直子（よこい・なおこ）

担当：第２章２節，第３章３節・４節，第４章１節，第７章１節，第８章レッスン１・３

現在：名古屋学芸大学　ヒューマンケア学部

専門は，子ども学・社会福祉学

【主要著書】

『増補改訂版　子ども虐待への心理臨床』（共著）誠信書房。

≪コラム≫

伊藤美空（いとう・みく）

名古屋市児童相談所　児童福祉司

柴田萌加（しばた・もえか）

名古屋市乳児院　保育士

村松咲和（むらまつ・さわ）

シンプルライフスタイル研究所　放課後デイサービス　リオカラフル保育士

（検印省略）

2024年2月20日　初版発行　　略称—社会福祉

援助者を目指す人の「社会福祉」

編著者　石垣儀郎
発行者　塚田尚寛

発行所　東京都文京区 春日2－13－1　株式会社 創成社

電　話 03（3868）3867　FAX 03（5802）6802
出版部 03（3868）3857　FAX 03（5802）6801
http://www.books-sosei.com　振　替 00150-9-191261

定価はカバーに表示してあります。

ISBN978-4-7944-8107-8　C3037
Printed in Japan

組版：スリーエス　印刷・製本：鳩

落丁・乱丁本はお取り替えいたします。